G. SCHIRMER OPERA ANTHOLOGY

COLORATURA SOPRANO

COMPLETE PACKAGE

with Diction Coach and Accompaniment CDs

Compiled and Edited by Robert L. Larsen

Diction Coach includes International Phonetic Alphabet and diction lessons recorded by professional, native speaker coaches.

Accompaniment CDs were recorded by professional vocal coaches.

Editorial Advisor: Richard Walters
Assistant Editor: Bryan Stanley

On the cover: "L'opéra de Paris" by Raoul Dufy
Used by permission of The Phillips Collection, Washington D.C.

ISBN 978-1-4803-2849-5

Complete Package released 2013

G. SCHIRMER, *Inc.*

DISTRIBUTED BY

HAL•LEONARD®
CORPORATION
7777 W. BLUEMOUND RD. P.O. BOX 13819 MILWAUKEE, WI 53213

www.musicsalesclassical.com
www.halleonard.com

FOREWORD

The original soprano volume of the *G. Schirmer Opera Anthology* presented a rich selection of predominantly lyric arias. This subsequent additional collection in the series affords an exploration of coloratura and lyric coloratura repertoire in a spectrum of national and historical styles, from Handel to twentieth-century American opera. We are especially pleased to include several arias which appear for the first time in a modern, clean edition.

The titling of the book, *Coloratura Arias for Soprano*, rather than *Arias for Coloratura Soprano*, is deliberate. Though this music is florid and high, selected arias certainly can be appropriately and successfully negotiated by lyric voices.

Because of the nature of this repertoire and its performance traditions, optional cadenzas and other embellishments have been liberally included, in addition to presenting the original vocal line. We believe that not addressing important performance practices in this literature would be a disservice to the singer.

In the interest of maintaining a compact single volume, we have limited ourselves to one optional version of embellishment in nearly every situation, rather than presenting multiple choices. The suggestions in this edition are based on traditional interpretations and standard practices, augmented occasionally by practical insight. In the case of Handel's "Tornami a vagheggiar," stylistically appropriate *da capo* embellishments were not suggested, because, by nature, the possibilities are endless.

Principal sources for research were published cadenzas edited by Luigi Ricci and Estelle Liebling. Many other sources were also consulted, including landmark recorded performances by major artists. Singers should not hesitate to make their own investigations into further possibilities for cadenzas and *ossia* passages. We recommend that any choices be determined from research, taste, and an understanding of historically pertinent musical style.

As is common practice in aria editing, instances arose where cuts were made for a reasonable adaptation for solo voice and piano. Such issues are sometimes especially pronounced in the *bel canto* literature, where chorus and ensemble sections are typically omitted. We refer singers and pianists to the complete piano/vocal score of a particular opera to study any abbreviations made in this edition. Traditional cuts have been indicated within the complete and uncut music in a few arias.

We sincerely hope that this collection is both a musical inspiration and practical aid as you explore the endlessly fascinating operatic repertoire.

The Editors
June, 2002

CONTENTS

NOTES and TRANSLATIONS

The arias are presented chronologically by year of first performance.

ALCINA

1735
music by George Frideric Handel
libretto by Antonio Marchi (adapted from Fanzaglia's libretto *L'Isola di Alcina*, based on Ariosto's poem *Orlando Furioso*)

Tornami a vagheggiar

from Act I
setting: a magical island ruled by Alcina, a powerful sorceress
character: Morgana

Alcina's latest captive, Ruggiero, a brave knight, is magically spellbound by the sorceress' beauty and forgets about his betrothal to a certain Bradamante. Bradamante, in order to save her lover, hurries to the island disguised as her own brother, Ricciardo. Alcina's sister, Morgana, takes interest in this Ricciardo. Ruggiero, being led to believe that Ricciardo is vying for Alcina's love, desires that Ricciardo be punished.

At the conclusion of Act I Bradamante identifies herself to Ruggiero, but he only sees her as Ricciardo, a rival for Alcina. When he leaves, Morgana pleads with Bradamante to flee before Alcina changes her into a wild beast. Bradamante tells Morgana to find him and tell him that Ricciardo does not love Alcina, but another. When Morgana asks if it could be she, Bradamante assures her that it is. When Bradamante leaves, Morgana sings of her love for Ricciardo and her prayers that "he" will soon return.

"Tornami a vagheggiar" quickly became one of Handel's most famous arias, and it has in some productions been re-assigned to Alcina.

Tornami a vagheggiar,	*Come back to woo me;*
te solo vuol amar quest'anima fedel,	*only you does this faithful soul wish to love,*
caro mio bene, caro!	*my dearly beloved, dear one!*
Già ti donai il mio cor:	*I have already given you my heart:*
fido sarà'l mio amor;	*my love will be true;*
mai ti sarò crudel, cara mia spene.	*never will I be cruel to you, my dear hope.*

LES DEUX AVARES

(The Two Misers)
1770
music by André Grétry
libretto by C. G. Fenouillot de Falbaire

Plus de dépit, plus de tristesse

from Act I
setting: a square in Smyrna with houses, a pyramid, and a well
character: Henriette

Henriette is the niece of Gripon, a moneylender who has fled France for Turkey. She loves and is loved by Jérome, the nephew of the miser Martin who lives across the street from Gripon. The uncles are not fond of their young relatives because they may want to marry and claim inheritances. Henriette's nurse, Madelon, has just shown the young lovers some of Gripon's hidden treasures, but they are far more interested in the riches they find in each other.

Plus de dépit, plus de tristesse,	*No more spite, no more sadness*
dès que je puis voler vers toi.	*as soon as I can fly to you.*
De Gripon je plains la faiblesse,	*I am sorry for the failings of Gripon,*
et je chante quand je te vois.	*and I sing when I see you.*
Il se croit riche;	*He believes himself wealthy;*
ô le pauvre homme!	*oh, the poor man!*
L'or et l'argent sont tout son bien.	*Gold and silver are all his possessions.*
Moi, j'ai le cœur de Jérôme;	*As for me, I possess the heart of Jerome;*
mon trésor vaut mieux que le sien.	*my treasure is worth more than his.*

DIE ENTFÜHRUNG AUS DEM SERAIL
(The Abduction from the Seraglio)
1782
music by Wolfgang Amadeus Mozart
libretto by Gottlieb Stephanie the younger (after a libretto by Christoph Friedrich Bretzner)

Durch Zärtlichkeit und Schmeicheln

from Act II
Setting: the coast of Turkey, the 16th century; the Palace of the Pasha Selim
Character: Blonde

Konstanze, an English lady, and her maid, Blonde, have been carried off by Turkish pirates to the Palace of the Pasha Selim where the Pasha has respectfully but firmly declared his interest in Konstanze. Blonde finds herself having to fend off old Osmin, the overseer of the Pasha's harem. She does so with wit and charm, leaving him blustering at the foolhardiness of English men in allowing their women so much liberty.

Durch Zärtlichkeit und Schmeicheln,	*Through tenderness and flattery,*
Gefälligkeit und Scherzen	*kindness and fun,*
erobert man die Herzen	*one conquers the hearts*
der guten Mädchen leicht.	*of good-natured girls easily.*
Doch mürrisches Befehlen	*But surely domineering*
und Poltern, Zanken, Plagen	*and rumbling, wrangling, plaguing*
macht, daß in wenig Tagen	*make within a few days*
so Lieb' als Treu' entweicht.	*love, as well as loyalty, vanish.*

DER SCHAUSPIELDIREKTOR
(The Impresario)
1786
music by Wolfgang Amadeus Mozart
libretto by Gottlieb Stephanie the younger (paralleling librettos by Metastasio, Goldoni, Bertati, and Calzabigi)

Da schlägt die Abschiedsstunde

in one act
setting: the rehearsal rooms of an opera house
character: Madame Herz

An impresario is given the task of rescuing an opera company from dire circumstances. Among his problems is the difficulty of choosing between an aging diva and a young aspiring soubrette. In this aria the reigning soprano, with her prodigious talents and experience, attempts to stake out her territory.

Da schlägt die Abschiedsstunde,	*Now tolls the parting hour,*
um grausam uns zu trennen.	*to cruelly separate us.*
Wie werd' ich leben können,	*How shall I be able to live,*
o Damon, ohne dich?	*oh Damon, without you?*
Ich will dich begleiten,	*I wish to be with you*
im Geist dir zur Seiten	*in spirit, by your side,*
schweben um dich.	*to hover around you.*
Und du, vielleicht auf ewig	*And you perhaps forever*
vergißt dafür du mich! Doch nein!	*you will rather forget me. Surely not!*
Wie fällt mir so was ein?	*Why do I think such a thing?*
Du kannst gewiß nicht treulos sein,	*You can certainly not be untrue,*
ach nein.	*ah, no.*
Ein Herz, das so der Abschied kränket,	*A heart which parting hurts so much*
dem ist kein Wankelmut bekannt!	*does not know inconstancy!*
Wohin es auch das Schicksal lenket,	*Wheresoever destiny leads it,*
nichts trennt das festgeknüpfte Band.	*nothing severs the firmly united bond.*

DIE ZAUBERFLÖTE
(The Magic Flute)
1791
music by Wolfgang Amadeus Mozart
libretto by Emanuel Schikaneder (based on Liebeskind's *Lulu, oder Die Zauberflöte,* after a fairy tale by Wieland)

O zittre nicht, mein lieber Sohn

from Act I, scene 1
setting: Legendary; a wild rocky pass
character: Queen of the Night

The Queen of the Night appears from out of a cloud to Tamino, a prince lost in a strange land. She gives him a portrait of her daughter who has been stolen from her. She swears that the beautiful girl will be his once she is set free from her captors.

O zittre nicht, mein lieber Sohn;	*Oh tremble not, my dear son;*
du bist unschuldig, weise, fromm.	*you are guiltless, wise, pious.*
Ein Jüngling, so wie du, vermag am besten	*A young man such as you is best able*
das tiefbetrübte Mutterherz zu trösten.	*to console the deeply afflicted mother's heart.*
Zum Leiden bin ich auserkoren,	*For suffering am I destined,*
denn meine Tochter fehlet mir.	*as my daughter is absent from me.*
Durch sie ging all mein Glück verloren;	*Because of her all my happiness was lost;*
ein Bösewicht entfloh mit ihr.	*a villain took flight with her.*
Noch seh' ich ihr Zittern	*Still I see her trembling*
mit bangem Erschüttern,	*with fearful emotion,*
ihr ängstliches Beben,	*her anxious quivering,*
ihr schüchternes Streben.	*her meek struggle.*
Ich mußte sie mir rauben sehen.	*I had to watch her bereft of me.*
«Ach helft!» war alles was sie sprach	*"Ah, help!" was all that she said*
allein vergebens war ihr Flehen,	*but in vain was her supplication,*
denn meine Hilfe war zu schwach.	*for my help was too feeble.*
Du wirst sie zu befreien gehen;	*You will go to free her;*
du wirst der Tochter Retter sein, ja!	*you will be the daughter's rescuer yes!*
Und werd' ich dich als Sieger sehen,	*And when I see you as victor,*
so sei sie dann auf ewig dein!	*so may she then be forever yours!*

Der Hölle Rache

from Act II, scene 3
setting: Legendary; the garden in the palace of Sarastro, High Priest of the Temple of Isis
character: Queen of the Night

The Queen rescues her daughter, Pamina, from the clutches of Monostatos, a Moorish slave in the palace. The Queen then gives Pamina a dagger and orders her to kill Sarastro, the High Priest.

Der Hölle Rache kocht	*The rage of hell seethes*
in meinem Herzen,	*in my heart;*
Tod und Verzweiflung flammet	*death and despair flame*
um mich her!	*all around me!*
Fühlt nicht durch dich Sarastro	*If Sarastro does not feel, through you,*
Todesschmerzen,	*the pain of death,*
so bist du meine	*then you will be*
Tochter nimmermehr,	*my daughter nevermore*
nein, meine Tochter nimmermehr.	*no, my daughter nevermore.*
Verstoßen sei auf ewig,	*May you be rejected forever;*
verlassen sei auf ewig,	*may you be forsaken forever.*
zertrümmert sei'n auf ewig	*Shattered be forever*
alle Bande der Natur,	*all the bonds of nature*

wenn nicht durch dich
Sarastro wird erblassen!
Hört, Rachegötter!
Hört der Mutter Schwur!

if not, through you,
Sarastro will die!
Hear, gods of vengeance!
Hear a mother's vow!

IL BARBIERE DI SIVIGLIA
(The Barber of Seville)
1816
music by Gioachino Rossini
libretto by Cesare Sterbini (after *Le Barbier de Séville*, a comedy by Pierre Augustin Caron de Beaumarchais)

Una voce poco fa

from Act I, scene 2 (or Act II)
setting: Seville, Spain, the 17th century; a drawing room in the house of Don Bartolo
character: Rosina

A young man has been serenading 16-year-old Rosina, the ward of Don Bartolo. He introduced himself to her as a student, Lindoro, but he's actually Count Almaviva in disguise. She is sure she is in love and has written a letter to him for which she's anxious to find a messenger.

Though the libretto is set in the 17th century, productions of the opera are often set in the 18th century.

Una voce poco fa
qui nel cor mi risuonò,
il mio cor ferito è già,
e Lindor fu che il piagò.
Sì, Lindoro mio sarà,
lo giurai, la vincerò.

A voice, a little while ago,
echoed here in my heart;
my heart is wounded now,
and it was Lindoro who covered it with wounds.
Yes, Lindoro will be mine—
I've sworn it, I shall win.

Il tutor ricuserà,
io l'ingegno aguzzerò,
alla fin s'accheterà,
e contenta io resterò.

My guardian will object.
I, quick-witted, will be sharp;
in the end he will acquiesce,
and I will be content.

Io sono docile,
son rispettosa,
sono ubbidiente,
dolce, amorosa;
mi lascio reggere,
mi fò guidar.
Ma se mi toccano
dov'è il mio debole,
sarò una vipera,
e cento trappole
prima di cedere farò giocar.

I am submissive,
I'm respectful,
I'm obedient,
sweet, affectionate.
I allow myself to be governed;
I let myself be guided.
But if they touch me
where my sensitive spot is,
I will be a viper,
and I'll cause a hundred tricks
to be played before giving in.

LA SONNAMBULA
(The Sleepwalker)
1831
music by Vincenzo Bellini
libretto by Felice Romani (after *La Somnambule*, a ballet-pantomine by Eugène Scribe)

Care compagne…Come per me sereno

from Act I, scene 1
setting: a Swiss mountain village, the early 19th century; the village square outside an inn
character: Amina

Amina, an orphan girl adopted by the mill owner and his wife, Teresa, is about to be married to the wealthy peasant Elvino. The villagers sing the praises of the lovely young girl who responds with gratitude to them and to the mother she never knew who gave her life that she might know this joyful day.

Care compagne, e voi, teneri amici, che alla gioia mia tanta parte prendete, oh come dolci scendon d'Amina al core i canti che v'inspira il vostro amore!	*Dear companions,* *and you, kind friends* *who share so much in my joy,* *oh, how sweetly fall upon the heart of Amina* *the songs which your love inspires in you!*
A te, diletta, tenera madre, che a sì lieto giorno me orfanella serbasti, a te favelli questo, dal cor più che dal ciglio espresso, dolce pianto di gioia, e quest'amplesso.	*To you, beloved gentle mother,* *who for this so happy day* *saved me, an orphan,* *may speak these sweet tears,* *of joy and this embrace* *expressed more from my heart than from my eyes.*
Compagne…teneri amici… Ah! madre…ah! qual gioia!	*Companions…kind friends…* *Oh, mother!…Oh, what joy!*
Come per me sereno oggi rinacque il dì! Come il terren fiorì, come fiorì più bello e ameno!	*How peacefully for me is this day reborn!* *How the earth has flowered,* *how it has blossomed* *more beautifully and agreeably!*
Mai di più lieto aspetto natura non brillò; amor la colorò, amor del mio diletto.	*Never has nature glowed* *with happier countenance;* *love has colored it—love of my dear one.*
Sovra il sen la man mi posa; palpitar, balzar lo senti: egli è il cor che i suoi contenti non ha forza a sostener. Ah, non ha forza a sostener, ah no. Cari amici, amata madre!	*Place your hand upon my breast;* *feel it throb, beat:* *it is the heart which does not have the strength* *to sustain its happiness.* *Alas, it does not have the strength to sustain,* *ah, no.* *Dear friends, beloved mother!*
Ah! lo sento, è il mio core, ah, sì, balzar lo sento, lo sento balzar!	*Ah, I feel it! It's my heart—* *ah yes, I feel it leap; I feel it leap!*

Ah! non credea…Ah! non giunge

from Act II, scene 2
setting: a Swiss mountain village, the early 19th century; the village square, on the roof of a mill, night
character: Amina

Amina is a sleepwalker and is discovered in the room of the visiting nobleman, Rodolfo. Elvino, believing Amina faithless, is about to wed the innkeeper, Lisa, out of spite, when the distraught and heartbroken Amina is seen by the villagers precariously making her way, lantern in hand, over the roof of the mill. She sings a beautiful cavatina that likens the dead flowers that her beloved once gave her to the transience of love. Family and friends watch breathlessly in fear of her falling. Finally Elvino rushes to her and kneels at her feet. She wakes and, with a cry of delight, falls in her lover's arms. The opera concludes with her song of joy at being reunited with her beloved.

Ah! non credea mirarti sì presto estinto, o fiore; passasti al par d'amore, che un giorno sol durò. Potria novel vigore il pianto mio recarti, ma ravvivar l'amore il pianto mio, ah, no, non può!	*Ah, I did not think I would see you* *so soon withered, oh flower;* *you faded just like love,* *which for one day only endured.* *My tears might be able to restore* *strength to you;* *but my weeping cannot revive love,* *ah, no!*
Ah! non giunge uman pensiero al contento ond'io son piena: A' miei sensi io credo appena; tu m'affida, o mio tesor!	*Ah, human thought cannot attain* *the happiness with which I'm filled:* *I can hardly believe my senses;* *trust me, oh my treasure!*

Ah! mi abbraccia,	*Ah, embrace me;*
e sempre insieme,	*and always together,*
sempre uniti in una speme,	*always united in one hope,*
della terra in cui viviamo	*from the earth on which we dwell*
ci formiamo un ciel d'amor.	*we will create a heaven of love.*
Ah!	*Ah!*

LUCIA DI LAMMERMOOR
(Lucy of Lammermoor)
1835
music by Gaetano Donizetti
libretto by Salvatore Cammarano (after Sir Walter Scott's novel *The Bride of Lammermoor*)

Regnava nel silenzio

from Act I
setting: Scotland, the late 16th century; near a fountain in the park of the Lammermoor castle at evening
character: Lucia

Lucia (Lucy), the sister of Enrico (Lord Henry Ashton), was saved from the attack of a wild boar by Edgardo (Edgar) of Ravenswood, the mortal enemy of the Lammermoors. She now meets with Edgardo often and is waiting for him at this moment with her companion, Alice. She muses on the doleful legend of the fountain and then dispels her gloom with thoughts of her love for Edgardo.

Regnava nel silenzio	*The night was reigning in the silence*
alta la notte e bruna...	*deep and dark...*
colpia la fonte un pallido	*a pale ray of gloomy moonlight*
raggio di tetra luna...	*was striking the fountain...*
quando un sommesso gemito	*when a soft moan*
fra l'aure udir si fè	*through the air made itself heard*
ed ecco, ecco su quel margine	*and suddenly here, here on that fountain's edge*
l'ombra mostrarsi a me, ah!	*the ghost appeared to me—ah!*
Qual di chi parla,	*Like one who is speaking,*
muoversi il labbro suo vedea,	*I saw her move her lips,*
e con la mano esanime	*and, with bloodless hand,*
chiamarmi a sé parea;	*she seemed to beckon me to her;*
stette un momento immobile,	*she stayed for a moment immobile,*
poi ratta dileguò,	*then swiftly vanished,*
e l'onda pria sì limpida	*and the water, before so clear,*
di sangue rosseggiò,	*reddened with blood—*
sì, pria sì limpida,	*yes, so clear before,*
ahi! rosseggiò.	*alas, turned red!*
Egli è luce a giorni miei,	*He is light to my days,*
è conforto al mio penar.	*is comfort to my suffering.*
Quando rapito in estasi	*When, carried away in ecstasy*
del più cocente ardore,	*of the most burning ardor,*
col favellar del core	*with heartfelt words*
mi giura eterna fè,	*he swears to me eternal faithfulness,*
gli affanni miei dimentico;	*I forget my sorrows;*
gioia diviene il pianto.	*weeping turns to joy.*
Parmi che a lui d'accanto	*It seems to me that, at his side,*
si schiuda il ciel per me.	*heaven opens up for me.*
Ah!	*Ah!*
A lui d'accanto	*At his side*
si schiuda il ciel per me, ah!	*heaven opens up for me, ah!*
Sì, a lui d'accanto	*Yes, at his side*
par si schiuda il ciel per me.	*heaven seems to open up for me.*

Il dolce suono…Spargi d'amaro pianto
(Mad Scene)

from Act II
setting: Scotland, the late 16th century; the great hall of Lammermoor castle, evening
character: Lucia

Raimondo (Raymond), Lucia's tutor, has just told an assemblage of wedding guests that he heard a groan in the bridal suite which he entered to find Lucia standing with knife in hand over the body of her dead husband, Arturo (Arthur) Bucklaw. Lucia suddenly enters, disheveled, in her white sleeping robes now stained with blood. She is pale as death and unconscious of her surroundings. She thinks she is with her beloved Edgardo by the fountain in the park where for a moment they are separated by the spirit in the fountain, but then they fly to a celestial altar where she is united with her rightful bridegroom at last.

Il dolce suono mi colpì di sua voce.	*The sweet tone of his voice struck me.*
Ah, quella voce m'è qui nel cor discesa.	*Ah, that voice settled here in my heart.*
Edgardo, io ti son resa,	*Edgardo, I am restored to you,*
Edgardo, ah, Edgardo mio, sì, ti son resa:	*Edgardo, ah my Edgardo, yes, I am restored to you:*
fuggita io son da tuoi nemici.	*I have escaped from your enemies.*
Un gelo mi serpeggia nel sen!	*A chill spreads through my breast!*
Trema ogni fibra, vacilla il piè!	*My every fiber trembles, my steps are unsteady!*
Presso la fonte meco t'assidi alquanto,	*By the fountain sit with me for a while—*
sì, presso la fonte meco t'assidi!	*yes, by the fountain sit with me!*
Ohimè! sorge il tremendo fantasma	*Alas! the horrible ghost looms up*
e ne separa!	*and separates us!*
Edgardo! ah! Il fantasma ne separa!	*Edgardo, ah, the ghost separates us!*
Qui ricovriamo, Edgardo,	*Here let us take shelter, Edgardo,*
a piè dell'ara.	*at the foot of the altar.*
Sparsa è di rose!	*It is strewn with roses!*
Un'armonia celeste, di', non ascolti?	*A heavenly harmony—tell me, do you not hear it?*
Ah! l'inno suona di nozze!	*Ah, the wedding hymn is sounding!*
Ah! l'inno di nozze!	*Ah, the wedding hymn!*
Il rito per noi s'appresta!	*The ceremony is being prepared for us!*
Oh me felice! Edgardo!	*Oh happy me! Edgardo!*
Oh gioia che si sente e non si dice!	*Oh, joy felt and not spoken!*
Ardon gl'incensi,	*The incense is burning,*
splendon le sacre faci,	*the sacred torches are shining;*
splendon intorno.	*they are shining all around.*
Ecco il ministro! porgimi la destra!	*Here is the minister! Offer me your right hand!*
Oh lieto giorno!	*Oh happy day!*
Alfin son tua, alfin sei mio,	*At last I am yours, at last you are mine;*
a me ti dona un Dio.	*God gives me to you.*
Ogni piacer più grato, sì,	*Every most welcomed pleasure of mine, yes,*
mi fia con te diviso, con te!	*will be shared with you, with you!*
Del ciel clemente un riso	*Life for us will be*
la vita a noi sarà!	*a happiness from merciful heaven.*
Spargi d'amaro pianto	*Sprinkle my earthly veil*
il mio terrestre velo,	*with bitter weeping,*
mentre lassù nel cielo io pregherò per te.	*while in heaven above I will pray for you.*
Al giunger tuo soltanto	*Only in joining you*
fia bello il ciel per me! ah sì, per me.	*will heaven be beautiful for me, ah yes, for me.*
Ah!	*Ah!*

I PURITANI
I Puritani di Scozia
(The Puritans of Scotland)
1835
music by Vincenzo Bellini
libretto by Count Carlo Pepoli (after *Têtes Rondes et Cavaliers*, a play by Jacques-Arsène Ancelot and Joseph Xavier Boniface *dit* Saintine)

O rendetemi la speme…Qui la voce

from Act II, the Mad Scene
setting: England, near Plymouth, during the Civil War between the supporters of Cromwell and the Stuarts
character: Elvira

Lord Walton, the Puritan Governor-General, has consented to allow his daughter Elvira to be married to the man she loves, Lord Arthur Talbot (Arturo), even though he is a royalist. But on the day of the planned nuptials Arturo learns that the widow of Charles I is in the castle under sentence of death. He is able to escape with the queen disguised in the wedding veil he had brought for Elvira. When the escape is discovered, Elvira, thinking herself deserted, loses her reason. In the next scene in the Puritan encampment Elvira wanders in, utterly distracted, reflecting on the wedding that never took place.

O rendetemi la speme	*Either give me back hope*
o lasciatemi morir.	*or let me die.*
Qui la voce sua soave	*Here his gentle voice*
mi chiamava... e poi sparì.	*called to me, and then vanished.*
Qui giurava esser fedele;	*Here he swore to be faithful;*
qui il giurava, e poi,	*here he swore it, and then*
crudele, ei mi fuggì!	*cruel man he fled from me!*
Ah! mai più qui assorti insieme	*Ah, nevermore rapt here together*
nella gioia dei sospir.	*in the joy of yearning!*
Ah! rendetemi la speme,	*Ah, give me back hope,*
o lasciatemi morir.	*or let me die!*
Vien, diletto, è in ciel la luna!	*Come, beloved, the moon is in the sky!*
Tutto tace intorno intorno;	*All is silent roundabout;*
finchè spunti in cielo il giorno,	*until day breaks in the sky,*
vien, ti posa sul mio cor!	*come, rest upon my heart!*
Deh! t'affretta, o Arturo mio;	*Please hasten, oh my Arthur;*
riedi, o caro, alla tua Elvira:	*return, oh dear one, to your Elvira:*
essa piange e ti sospira.	*she weeps and yearns for you.*
Vien, o caro, all'amore,	*Come, oh dear one, to love;*
ah vieni, vien all'amor.	*Ah, come, come to love.*
Riedi all'amore,	*Return to love;*
ah riedi all'amor.	*ah, return to love.*
Ah riedi al primo amor!	*Ah, return to your first love!*

LINDA DI CHAMOUNIX
1842
music by Gaetano Donizetti
libretto by Gaetano Rossi (after *La Grâce de Dieu* by Gustave Lemoine and Adolphe-Philippe d'Ennery)

Ah, tardai troppo…O luce di quest'anima

from Act I
setting: Chamounix, a village of Sarny, France, and Paris, 1760, during the reign of Loius XV; just after dawn in the village
character: Linda

Linda, a farmer's daughter, enters. She was to have met with her lover, Carlo, a penniless painter (who is later revealed to be the wealthy Vicomte de Sirval), but was late for the rendezvous and only found the flowers that he left for her. She is clearly in love and determines to see her beau again very soon.

Ah, tardai troppo,
e al nostro favorito convegno
io non trovai il mio diletto Carlo.
E chi sa mai quant'egli avrà sofferto,
ma non al par di me!

Pegno d'amore questi fior mi lasciò!
Tenero core! E per quel core io l'amo,
unico di lui bene.
Poveri entrambi siamo;
viviam d'amor, di speme.
Pittore ignoto ancora,
egli s'innalzerà co' suoi talenti!
Sarò sua sposa allora…
Oh noi contenti!

O luce di quest'anima, delizia, amore e vita,
la nostra sorte unita in terra, in ciel sarà.
Deh vieni a me,
riposati su questo cor che t'ama,
che te sospira e brama,
che per te sol vivrà…

O luce di quest'anima,
amor, delizia e vita,
unita nostra sorte in terra, in ciel sarà.
Vieni…Ah!

Vieni al mio core che te sospira,
che per te solo, sì, sol vivrà per te.

Ah, I delayed too long;
and at our favorite meeting place
I did not find my dearly beloved Carlo.
Who knows how much he will have suffered—
but not as much as I!

As a pledge of love he left me these flowers!
Tender heart! And I love him for that heart,
his unique treasure.
Impoverished are we both;
we live on love, on hope.
A painter yet unrecognized,
he will advance because of his talents!
I will be his wife then…
Oh happy we!

Oh light of this soul, delight, love, and life,
our destiny will be united on earth, in heaven.
Please come to me;
rest upon this heart which loves you,
which sighs and yearns for you,
which for you alone will live…

Oh light of this soul,
love, delight, and life,
united will be our destiny on earth, in heaven.
Come...Ah!

Come to my heart which yearns for you,
which for you alone, yes, will live only for you.

LA FILLE DU RÉGIMENT
(The Daughter of the Regiment)
1840
music by Gaetano Donizetti
libretto by Jules-Henri Vernoy de Saint-Georges and Jean-François-Alfred Bayard

Chacun le sait

from Act I
setting: in the mountains of the Swiss Tyrol, 1815
character: Marie

Marie was found on a battlefield when she was just a baby and brought up by the entire Twenty-first Regiment of Grenadiers. When a stranger is dragged in having been discovered prowling around the camp Marie exclaims that he is the fellow who saved her life when she almost plunged over a precipice. His name is Tonio, and he decides to become a soldier so that he can remain near Marie. The regiment toasts the new recruit and calls upon Marie to sing the "Song of the Regiment."

Ah!
Chacun le sait, chacun le dit:
le régiment par excellence,
le seul à qui l'on fass' crédit
dans tous les cabarets de France.
Le régiment: en tous pays
l'effroi des amants, des maris,
mais de la beauté bien suprême!

Il est là, morbleu!
Le voilà, corbleu!
Il est là, le voilà,
le beau vingt et unième!

Ah!
Everybody knows it, everybody says it:
the regiment "par excellence,"
the only one that people trust
in all the pubs of France.
The regiment: in all countries
the dread of lovers, of husbands,
but in handsomeness quite supreme!

Here it is, by God!
There it is, by Jove!
Here it is, there it is:
the handsome twenty-first!

Il a gagné tant de combats
que notre empereur, on le pense,
fera chacun de ses soldats,
à la paix, maréchal de France!
Car c'est connu
le régiment le plus vainqueur,
le plus charmant, qu'un sexe craint,
et que l'autre aime.

Vive le vingt et unième!

It has won so many battles
that our emperor, we think,
will make each of its soldiers,
when peace comes, a marshal of France!
For it is known as
the regiment the most victorious,
the most attractive, which one sex fears
and the other loves.

Long live the twenty-first!

DON PASQUALE
1843
music by Gaetano Donizetti
libretto by the composer and Giovanni Ruffini (after Angeli Anelli's libretto for Pavesi's *Ser Marcantonio*)

Quel guardo il cavaliere…So anch'io la virtù magica

from Act I, scene 2
setting: Rome in the early 19th century; Norina's apartment
character: Norina

Norina, a young widow who is in love with Ernesto, the nephew of old Don Pasquale, is reading a sentimental novel as the curtain rises.
She tosses it aside to reveal her flirtatious and sprightly nature to the audience.

Quel guardo il cavaliere
in mezzo al cor trafisse;
piegò il ginocchio e disse:
Son vostro cavalier.
E tanto era in quel guardo
sapor di paradiso
che il cavalier Riccardo,
tutto d'amor conquiso,
giurò che ad altra mai
non volgeria il pensier.
Ah ah! Ah ah!

That glance pierced the knight
to the depths of his heart;
he fell on bended knee and said:
I am your knight.
And there was in that glance such a
taste of paradise
that the knight Richard,
totally conquered by love,
swore that to another woman never
would he turn his thoughts.
Ha ha! Ha ha!

So anch'io la virtù magica
d'un guardo a tempo e loco;
so anch'io come si bruciano
i cori a lento foco.
D'un breve sorrisetto
conosco anch'io l'effetto,
di menzognera lagrima,
d'un subito languor.
Conosco i mille modi
dell'amorose frodi,
i vezzi e l'arti facili
per adescare un cor.
So anch'io la virtù magica
per inspirare amor;
conosco l'effetto, ah sì,
per inspirare amor.

I too know the magic power
of a glance at the right time and place;
I too know how hearts can smoulder
at a slow burn.
Of a fleeting little smile
I also know the effect,
of a furtive tear,
of a sudden languor.
I know the thousand ways
of amorous tricks,
the charms and easy skills
for enticing a heart.
I too know the magic power
for inspiring love;
I know the effect, ah yes,
of inspiring love.

Ho testa bizzarra,
son pronta, vivace,
brillare mi piace,
mi piace scherzar.
Se monto in furore,
di rado sto al segno,
ma in riso lo sdegno
fo presto a cangiar.

I have an eccentric mind,
I'm quick-witted, high-spirited;
I like to sparkle,
I like to have fun.
If I fly into a rage,
rarely do I hit the target;
rather, I make the anger
quickly change to laughter.

Ho testa bizzarra,
ma core eccellente. Ah!
Ho testa bizzarra,
son pronta e vivace.
Ah, mi piace scherzar.
Ho testa vivace,
mi piace scherzar.
Ah, mi piace scherzar!

I have an eccentric mind,
but an excellent heart. Ah!
I have an eccentric mind;
I'm quick-witted and high-spirited.
Ah, I like to have fun.
I have a lively mind;
I like to have fun.
Ah, I like to have fun!

MARTHA

1847
music by Friedrich von Flotow
libretto by W. Friedrich [Friedrich Wilhelm Riese] (after a ballet-pantomime, *Lady Henriette, ou La Servante de Greenwich* by St. Georges)

Den Teuren zu versöhnen

from Act IV
setting: a farm near Richmond, England, during the reign of Queen Anne, c. 1710
character: Lady Harriet (Martha)

Lady Harriet Durham, Maid of Honour to Queen Anne, bored with life at court, ran off on holiday with Nancy, her maid in waiting. They played at being country girls (Lady Harriet called herself 'Martha') and managed to ensnare the hearts of two farmers. Now the farmers have learned the truth, and Lady Harriet's young man has plunged into a despondency verging on madness. In this aria she confesses her sincere love for him and vows to transform his despair into joy.

Zum treuen Freunde geh',
den Plan ihm zu entdecken,
den mein bereuend Herz
voll Zuversicht erdacht,
aus dumpfer Schwermut Traum
den Teuren zu erwecken
mit neuem Hoffnungsstrahl
nach trüber Kerkernacht.

Go to the faithful friend
to reveal to him the plan
which my repentant heart
has in full confidence devised,
from the melancholy dream
to arouse the dear man
with a new ray of hope
after the gloomy prison night.

Noch vernahm er nicht die Kunde,
wie die Zukunft schön ihm tagt.
Ja, ich heile selbst die Wunde,
die ich schlug! Es sei gewagt,
ja, ja, es sei gewagt!

He has not yet learned the news,
how the future dawns fair upon him.
Yes, I myself will heal the hurt
which I inflicted! Let it be risked,
yes, yes, let it be risked!

Den Teuren zu versöhnen
durch wahre Reu',
sein Dasein zu verschönen
mit Lieb' und Treu',
mein Los mit ihm zu teilen,
durch's Leben hin zu eilen,
ach, welch Glück!

To be reconciled with the dear man
through true repentance,
to brighten his existence
with love and devotion,
to share my destiny with him,
to hasten through life with him
ah, what happiness!

Ja, nun darf ich frei ihm sagen,
wie mein Herz, seit ich ihn sah,
nur für ihn geschlagen!
Ja, wie sein Bild mir immer nah!

Yes, now may I freely tell him
how my heart, since I saw him,
has been beating for him alone!
Yes, how his image is always close to me!

Ah! O seliger Gedanke,
o Hoffnungsschein!
Es sank die Trennungsschranke.
Mein wird er, ja, mein!
Ah!

Ah! Oh blessed thought,
oh gleam of hope!
The barriers of separation have given way.
He will be mine yes, mine!
Ah!

MANON LESCAUT

1856
music by Daniel François Auber
libretto by Eugène Scribe (after the novel by Antoine-François Prévost)

C'est l'histoire amoureuse
(Laughing Song)

from Act I
setting: Paris, the 18th century; Bacelin's restaurant and dancing house on the Boulevard du Temple

The young Manon and her lover Des Grieux have run up a large bill at Bacelin's. Manon has unfortunately given their purse to her cousin Lescaut who confesses when he joins them that he has gambled it away. The men sally forth to borrow a sum in the neighborhood leaving Manon hostage. She borrows a guitar ands sings a good-humored song about unrequited love. The tale amuses its teller and she bursts into laughter after almost every sentence. She is showered with gold and the attentions of the wealthy Marquis d'Hérigny.

This aria was often sung by Adelina Patti and Amelita Galli-Curci in the letter scene from Rossini's *Il Barbiere di Siviglia*.

M'y voici!	*Here, I've got it!*
Un instant, prête-moi	*Just a moment, will you lend me*
cette vieille guitare?	*that old guitar?*
La la la la la la la. Ah!	*La la la la la la. Ah!*
Pour peu que la chanson vous plaise,	*If only the song should please you,*
écoutez, grands et petits,	*listen, grown-ups and children, to*
la nouvelle Bourbonnaise	*the new bourbonnaise song*
dont s'amuse tout Paris! Ah!	*by which all Paris is being amused! Ah!*
C'est l'histoire amoureuse,	*This is the love story,*
autant que fabuleuse,	*however incredible,*
d'un galant fier à bras,	*of a gallant swaggerer,*
ah ah ah ah ah ah ah ah ah...	*ha, ha, ha, ha, ha, ha, ha, ha...*
d'un tendre commissaire	*of a tender-hearted commissioner*
que l'on croyait sévère	*whom people believed severe,*
et qui ne l'était pas!	*and who was not!*
Ah ah ah ah ah ah ah ah.	*Ha ha ha ha ha ha ha ha.*
Il aimait une belle, ah ah!	*He loved a beautiful woman, ha ha!*
Il en voulait, mais elle, ah ah,	*He desired her, but she, ha, ha,*
de lui ne voulait pas!	*did not desire him!*
Ah ah ah ah ah ah ah ah.	*Ha ha ha ha ha ha ha ha.*
Or, voulez-vous apprendre	*Well now, do you want to learn*
le nom de ce Léandre,	*the name of this Leander,*
traître comme Judas!	*traitorous as Judas?*
Son nom? Vous allez rire.	*His name? You're going to laugh.*
Je m'en vais vous le dire	*I'll tell it to you*
bien bas...tout bas...	*quite softly...very softly...*
Non, non, je ne le dirai pas!	*No, no, I will not tell it to you!*
La la la la la la la la...	*La la la la la la...*
On le disait habile,	*People said he was clever,*
car dans la grande ville	*for in the city*
il est des magistrats!	*he is one of the judges on the bench!*
Ah ah ah ah ah ah ah ha.	*Ha ha ha ha ha ha ha ha.*
Il est des réverbères	*There are streetlamps*
vantés pour leurs lumières	*praised for their light*
et qui n'éclairent pas!	*and which do not illuminate!*
Ah ah ah ah ah ah ah ah.	*Ha ha ha ha ha ha ha ha.*
Au logis de la belle, ah ah,	*To the lodgings of the beauty, ha, ha,*
un soir que sans chandelle, ah ah,	*one evening when, without a candle, ha, ha,*
il veut porter ses pas,	*he meant to make his way,*
ah ah ah ah ah ah ah ah ah,	*ha ha ha ha ha ha ha ha,*
l'escalier était sombre,	*the stairway was dark,*
et sur son nez, dans l'ombre,	*and, on his nose, in the darkness,*
il tombe! Patatras!	*he fell! Crash!*

Ô galant commissaire,	Oh gallant commissioner,
alors que vers Cythère	when toward Cythera
vous porterez vos pas,	you proceed,
ah ah ah ah ah ah ah ah,	ha ha ha ha ha ha ha ha,
Diogène moderne,	you modern Diogenes,
prenez votre lanterne,	take your lantern,
de crainte de faux pas!	for fear of a stumble!
Ah ah ah ah ah ah ah ah.	Ha ha ha ha ha ha ha ha.
Mais c'est qu'à la lumière, ah ah,	But the fact is that in the light, ha, ha,
vous aurez peine à plaire, ah ah!	you will hardly be pleasing, ha ha!
Et dès qu'on vous verra,	And as soon as one sees you,
ah ah ah ah ah ah ah ah,	ha ha ha ha ha ha ha ha,
oui, rien qu'à votre face,	yes, at the mere sight of your face,
en faisant la grimace,	grimacing,
l'amour s'envolera.	love will fly away.
Pour calmer son délire,	In order to quiet his frenzy,
son nom je vais le dire	his name I'm going to tell you
bien bas...tout bas...	quite softly...very softly...
Non, non, je ne le dirai pas!	No, no, I will not tell it to you!
La la la la la la la la.	La la la la la la la la.

DINORAH
ou Le Pardon de Ploërmel
(Dinorah, or the Pardon of Ploërmel)
1859
music by Giacomo Meyerbeer
libretto by Jules Barbier and Michel Carré

Ombre légère
(Shadow Song)

from Act II
setting: Brittany, the 19th century; the village of Ploërmel and the countryside around it
character: Dinorah

On the day Dinorah was to be married to the goatherd Hoël, her father's house was destroyed by a storm. Her fiancé vowed to rebuild it and raced off to seek a treasure of which he had heard. Dinorah, believing to be deserted, wanders through the countryside seeking her lost beloved. In the beginning of Act II she enters the stage in moonlight and, seeing her shadow, imagines it to be a friend and dances for and with it.

La nuit est froide et sombre.	The night is cold and gloomy.
Ah! quel ennui d'errer seule	Ah, what tedium to wander alone
dans l'ombre!	in the darkness!
O joie! Enfin le ciel s'éclaire!	Oh joy! At last the sky brightens!
Je te retrouve, amie ingrate et chère!	I find you again, ungrateful and dear friend!
Bonjour! Tu veux savoir, je gage,	Good-day! You want to know, I wager,
quelles chansons d'amour,	which songs of love,
en te mêlant aux danses du village,	in mingling with the village dances,
tu chanteras à notre mariage?	you will sing at our marriage?
Allons, vite, prends ta leçon!	Come, quickly, take your lesson!
Hâte-toi d'apprendre danse et chanson!	Hurry up to learn dance and song!
Ombre légère, qui suis mes pas,	Fickle shadow, who follows my steps,
ne t'en va pas, non!	do not go away, no!
Fée ou chimère, qui m'est si chère,	Fay or fancy, who to me is so dear,
ne t'en va pas! Non, non, non!	do not go away! No, no, no!
Courons ensemble,	Let us run along in each other's company;
j'ai peur, je tremble	I am afraid, I tremble
quand tu t'en vas loin de moi!	when you go far away from me!
Ah! Ne t'en va pas!	Ah, do not go away!
À chaque aurore je te ravois!	At each daybreak I recover you!
Ah, reste encore;	Ah, stay longer;

danse à ma voix!   *dance to my voice!*
Pour te séduire je viens sourire;   *In order to lure you I will smile;*
je veux chanter!   *I want to sing!*
Approche-toi!   *Draw near!*
Viens, réponds-moi!   *Come, answer me!*
Chante avec moi!   *Sing with me!*

Ah! réponds!   *Ah, answer!*
Ah! c'est bien!   *Ah, that's good!*

Sais-tu bien qu'Hoël m'aime,   *Don't you know that Hoël loves me,*
et qu'aujourd'hui même   *and that this very day*
Dieu va pour toujours bénir nos amours?   *God is going to bless our love forever?*
Le sais-tu?   *Do you know it?*
Mais tu prends la fuite!   *But you are taking flight!*
Pourquoi me quitter, quand ma voix t'invite?   *Why leave me, when my voice invites you?*
La nuit m'environne!   *The night encompasses me!*
Je suis seule, hélas!   *I am alone, alas!*
Ah! reviens, sois bonne!   *Ah, come back; be good!*
Ah! c'est elle!   *Ah, it's she!*
Méchante, est-ce moi que l'on fuit?   *Cruel one, is it I who is shunned?*

Ombre légère…   *Fickle shadow…*
La, la, la…   *La, la, la…*
Ah! reste avec moi!   *Ah, stay with me!*

UN BALLO IN MASCHERA
(A Masked Ball)
1859
music by Giuseppe Verdi
libretto by Antonio Somma (after Eugène Scribe's libretto for Daniel-François Auber's *Gustavus III, ou Le Bal Masqué*)

Volta la terrea

from Act I
setting: the court at Stockholm, 1792 (or Boston, depending on the version played)
character: Oscar

In his audience chamber, a judge tells the King about a foreign woman whose lair is a haven for outlaws and criminals of sorts. The judge is anxious to have her exiled, but Oscar, a page and a great favorite of the King's, defends her, insisting that she is a great and wise soothsayer.

Volta la terrea fronte alle stelle   *With wan brow turned toward the stars,*
come sfavilla la sua pupilla,   *how her eye gleams*
quando alle belle   *when, to the beautiful women,*
il fin predice   *she predicts the end,*
mesto o felice dei loro amor!   *sad or happy, of their love!*
È con Lucifero d'accordo ognor,   *She is, with Lucifer, always in agreement*
Ah, sì!   *Ah, yes!*

Chi la profetica sua gonna afferra,   *Whoever grasps her prophetical skirt,*
o passi'l mare, voli alla guerra,   *whether he cross the sea or flee to war,*
le sue vicende soavi, amare   *his fortunes, sweet or bitter,*
da questa apprende   *from this woman will learn*
nel dubbio cor!   *in his doubting heart!*

MIGNON

1866
music by Ambroise Thomas
libretto by Jules Barbier and Michel Carré (after Goethe's novel *Wilhelm Meister's Lehrjahre*)

Je suis Titania

from Act II, scene 2
setting: the garden of the Tieffenbach Castle in Germany, the late 18th century
character: Philine

The actress has been performing in Shakespeare's *A Midsummer Night's Dream* in the castle. When it ends, she comes into the garden still costumed as queen of the fairies, attended by members of the audience and Wilhelm Meister, a student in whom she has shown great interest. All proclaim her beauty and talent and, in the flush of her triumph, she rewards them with a brilliant French polonaise or polacca.

Oui, pour ce soir je suis reine des fées! Voici mon sceptre d'or, et voici mes trophées!	*Yes, for this evening* *I am queen of the fairies!* *Here is my sceptre of gold,* *and here are my trophies!*
Je suis Titania la blonde. Je suis Titania, fille de l'air! En riant, je parcours le monde plus vive que l'oiseau, plus prompte que l'éclair! Ah! Je parcours le monde!	*I am Titania the fair.* *I am Titania, daughter of the air!* *Laughing, I traverse the world* *more lively than the bird,* *more quick than the flash of lightning!* *Ah! I traverse the world!*
La troupe folle des lutins suit mon char qui vole et dans la nuit fuit! Autour de moi toute ma cour court, chantant le plaisir et l'amour! La troupe folle des lutins suit mon char qui vole et dans la nuit fuit au rayon de Phœbé, qui luit! Parmi les fleurs que l'aurore fait éclore, par les bois et par les prés diaprés, sur les flots couverts d'écume, dans la brume, on me voit d'un pied léger voltiger! D'un pied léger, par les bois, par les prés, et dans la brume, on me voit voltiger! Ah! Voilà Titania!	*The impish band of sprites* *follows my chariot, which flies* *and recedes into the night!* *Around me, all my court races,* *singing of pleasure and love!* *The impish band of sprites* *follows my chariot, which flies* *and recedes into the night* *at Phoebus' ray, which gleams!* *Among the flowers* *which daybreak brings to bloom,* *through the woods and* *through the multi-colored meadows,* *over the waves topped with foam,* *in the mist, one sees me* *light-footedly fluttering about!* *Light-footedly,* *through the wood and through the meadows,* *and in the mist,* *I am seen fluttering about!* *Ah, there's Titania!*

HAMLET

1868
music by Ambroise Thomas
libretto by Jules Barbier and Michel Carré (after the tragedy by William Shakespeare)

À vos jeux, mes amis…Partagez-vous mes fleurs!
(Ophelia's Mad Scene)

from Act IV
setting: near Elsinore in the kingdom of Denmark; amidst willows near a lake
character: Ophélie

Ophelia (Ophélie) has been driven insane by Hamlet's seeming desertion of her. She enters the stage as a strange white figure with flowing hair and a torn white dress. She addresses the peasants, telling them about a lark she heard at dawn and asking them to listen to her song.

À vos jeux, mes amis,	*In your games, my friends,*
permettez-moi, de grâce,	*permit me, please,*
de prendre part!	*to take part!*
Nul n'a suivi ma trace!	*No one has followed my steps!*
J'ai quitté le palais	*I left the palace*
aux premiers feux du jour.	*at the first light of day.*
Des larmes de la nuit	*With tears from the night*
la terre était mouillée;	*the ground was damp;*
et l'alouette, avant l'aube éveillée,	*and the lark, awakened before the dawn,*
planait dans l'air!	*soared in the air!*
Mais vous, pourquoi vous parlez bas?	*But you, why do you whisper?*
Ne me reconnaissez-vous pas?	*Do you not recognize me?*
Hamlet est mon époux...	*Hamlet is my husband...*
et je suis Ophélie!	*and I am Ophelia!*
Un doux serment nous lie,	*A sweet oath binds us;*
il m'a donné son cœur	*he has given me his heart*
en échange du mien...	*in exchange for mine...*
et si quelqu'un vous dit	*and if anyone tells you*
qu'il me fuit et m'oublie,	*that he shuns me and forgets me,*
n'en croyez rien!	*believe nothing of it!*
N'en croyez rien; non,	*Believe nothing of it; no,*
Hamlet est mon époux et moi,	*Hamlet is my husband and I,*
je suis Ophélie.	*I am Ophelia.*
S'il trahissait sa foi,	*If he betrayed his faith,*
j'en perdrais la raison!	*I would lose my reason!*
Partagez-vous mes fleurs!	*Share my flowers amongst you!*
À toi cette humble branche	*To you, this humble branch*
de romarin sauvage. Ah!	*of wild rosemany, ah!*
À toi cette pervenche... Ah!	*To you this periwinkle... Ah!*
Et maintenant, écoutez ma chanson!	*And now, listen to my song!*
Pâle et blonde	*Pale and fair-haired*
dort sous l'eau profonde	*sleeps, beneath the deep water,*
la Willis au regard de feu!	*the Willi with eyes of fire!*
Que Dieu garde	*May God protect*
celui qui s'attarde	*the one who lingers*
dans la nuit, au bord du lac bleu!	*in the night, on the shore of the blue lake!*
Heureuse l'épouse	*Happy is the wife*
aux bras de l'époux!	*in the arms of her husband!*
Mon âme est jalouse	*My soul is jealous*
d'un bonheur si doux!	*of a happiness so sweet!*
Nymphe au regard de feu,	*Nymph with eyes of fire,*
hélas, tu dors sous	*alas, you are sleeping beneath*
les eaux du lac bleu!	*the waters of the blue lake!*
Ah! ah! ah!...La, la, la...	*Ah, ah, ah...La, la la...*
La sirène passe et vous entraîne	*The siren passes and draws you*
sous l'azur du lac endormi.	*beneath the blue of the sleeping lake.*
L'air se voile;	*The sky clouds over;*
adieu, blanche étoile!	*farewell, white star!*
Adieu ciel,	*Farewell, heaven;*
adieu doux ami!	*farewell, sweet friend!*
Sous les flots endormi, ah,	*Beneath the sleeping waves, ah,*
pour toujours, adieu, mon doux ami!	*forever, farewell, my sweet friend!*
Ah! ah! ah!...La, la, la...	*Ah, ah, ah...La, la la...*
Ah, cher époux!	*Ah, dear husband!*
Ah, cher amant!	*Ah, dear lover!*
Ah, doux aveu!	*Ah, sweet vow!*
Ah, tendre serment!	*Ah, tender promise!*
Bonheur suprême!	*Happiness supreme!*
Ah! Cruel! Je t'aime!	*Ah! Cruel one! I love you!*
Ah, cruel, tu vois mes pleurs!	*Ah, cruel one, you see my tears!*
Ah, pour toi je meurs!	*Ah, for you I die!*
Ah, je meurs!	*Ah, I am dying!*

DIE FLEDERMAUS
(The Bat)
1874
music by Johann Strauss
libretto by Carl Haffner and Richard Genée (after a French vaudeville, *Le Réveillon*, by Meilhac and Halévy)

Mein Herr Marquis

from Act II
setting: Vienna, in the second half of the 19th century; a ballroom; a lavish party hosted by the Russian Prince Orlofsky
character: Adele

Gabriel von Eisenstein, a wealthy man about town, is supposed to be in jail, but he appears at Orlofsky's party disguised as the Marquis de Renard. Adele, the chambermaid in the Eisenstein household, also appears there in one of her mistress' dresses having received an invitation by her sister who is in the ballet appearing at the event. When Eisenstein suggests that she is a chambermaid everybody laughs, and Adele proceeds to make sport of her employer.

Mein Herr Marquis, ein Mann wie Sie	*My lord marquis, a man like you*
sollt' besser das versteh'n!	*should understand this better!*
Darum rate ich,	*Therefore I advise you*
ja genauer sich die Leute anzuseh'n!	*to look at people more closely!*
Die Hand ist doch wohl gar zu fein, ah,	*My hand is indeed much too delicate, ah—*
dies Füßchen so zierlich und klein, ah.	*this little foot so graceful and tiny, ah.*
Die Sprache, die ich führe,	*The language that I speak,*
die Taille, die Tournüre,	*my waistline, my shape—*
dergleichen finden Sie bei einer Zofe nie!	*the likes of which you'll never find in a chambermaid!*
Gestehen müssen Sie fürwahr:	*You must truly admit:*
sehr komisch dieser Irrtum war.	*this mistake was very funny.*
Ja, sehr komisch, ha ha ha,	*Yes, very funny, ha ha ha,*
ist die Sache, ha ha ha!	*is the thing, ha ha ha!*
Drum verzeih'n Sie, ha ha ha,	*Therefore forgive me, ha ha ha,*
wenn ich lache, ha ha ha..!	*if I laugh, ha ha ha..!*
Ach, sehr komisch, Herr Marquis, sind Sie!	*Oh my, very funny, lord marquis, you are!*
Mit dem Profil im griech'schen Stil	*With a profile in the Grecian style*
beschenkte mich Natur.	*nature has endowed me.*
Wenn nicht dies Gesicht	*If this face doesn't*
schon genügend spricht,	*already say enough,*
so seh'n Sie die Figur!	*then observe my figure!*
Schau'n durch die Lorgnette Sie dann, ah,	*Then just gaze through your lorgnette, ah,*
sich diese Toilette nur an, ah.	*at this party dress, ah.*
Mir scheinet wohl, die Liebe	*It certainly seems to me that love*
macht Ihre Augen trübe;	*is making your eyes blurry;*
Der schönen Zofe Bild	*the image of a pretty chambermaid*
hat ganz Ihr Herz erfüllt!	*has completely filled your heart!*
Nun sehen Sie sie überall;	*Now you see her everywhere;*
sehr komisch ist fürwahr der Fall.	*very funny, indeed, is the situation.*
Ja, sehr komisch...	*Yes, very funny...*

Spiel' ich die Unschuld vom Lande

from Act III
setting: Vienna, in the second half of the 19ᵗʰ century; a jail
character: Adele

Frank, the governor of the prison, was a guest at Orlofsky's house where he met and wooed Adele. He is feeling the effects of the night before when Adele and her sister enter. Adele, who has never performed in public but feels she is an artist by nature, comes to see if Frank will help her to get a start on her stage career, as he suggested he might, at the party. This piece is often called the "Audition Aria."

Spiel' ich die Unschuld vom Lande,	If I play the simple country girl—
natürlich im kurzen Gewande,	naturally, in a short dress—
so hüpf' ich ganz neckisch umher,	then I skip about quite roguishly,
als ob ich ein Eichkatzerl wär'!	as though I were a little squirrel!
Und kommt ein saub'rer, junger Mann,	And if a fine young man comes along,
so blinzle ich lächelnd ihn an,	then I wink, smiling, at him—
durch die Finger zwar nur,	not too seriously, to be sure—
als ein Kind der Natur,	like a child of nature,
und zupf' an meinem Schürzenband;	and tug at my apronstring;
so fängt man d'Spatzen	that's how one snares the sparrows
auf dem Land.	in the country.
Und folgt er mir, wohin ich geh',	And should he follow me wherever I go,
sag' ich naiv: Sö Schlimmer, Sö!	I say, naively, "You naughty man, you!"
Setz' mich zu ihm ins Gras sodann	I sit down by him on the grass after all
und fang' auf d'letzt zu singen an:	and begin, eventually, to sing:
la la la la..!	la la la la..!
Wenn Sie das gesehn,	Could you see this,
müssen Sie gestehn,	you'd have to admit
es wär' der Schaden nicht gering,	it would be a great misfortune
wenn mit dem Talent,	if, with my talent,
ich nicht zum Theater ging!	I didn't go on the stage!
Spiel' ich eine Königin,	If I play a queen,
schreit' ich majestätisch hin!	I stride along majestically!
Nicke hier und nicke da,	I nod from time to time,
ja ganz in meiner Gloria!	utterly in my glory!
Alles macht voll Ehrfurcht mir Spalier,	Everyone, full of awe, makes way for me
lauscht den Tönen meines Sang's.	[and] listens to the tones of my singing.
Lächelnd ich das Reich und Volk regier',	Smiling, I rule the kingdom and people:
Königin par excellence!	queen "par excellence"!
La la la la..!	La la la la..!
Wenn Sie das gesehn,	Could you see this,
werden Sie gestehn, usw.	you'd admit, etc.
Spiel' ich'ne Dame von Paris, ah,	If I play a lady from Paris, ah,
die Gattin eines Herrn Marquis, ah,	the wife of a lord marquis, ah,
da kommt ein junger Graf in's Haus, ah,	there comes a young count to the house, ah,
der geht auf meine Tugend aus, ah!	who aims at bending my virtue, ah!
Zwei Akt' hindurch geb' ich nicht nach,	Throughout two acts I don't give in,
doch ach, im dritten werd' ich schwach;	but, alas, in the third I weaken;
da öffnet plötzlich sich die Tür.	then suddenly the door flies open.
O weh, mein Mann! Was wird aus mir!	Oh woe, my husband! What will become of me!
Ah!	Ah!
Verzeihung flöt' ich;	I chirp a pardon;
er verzeiht.	he pardons.
Ah, zum Schlußtableau,	Ah, at the final tableau
da weinen d'Leut, ah, ja!	then the people are weeping—ah, yes!

22

THE PIRATES OF PENZANCE
or The Slave of Duty
1879
music by Arthur Sullivan
libretto by William Schwenck Gilbert

Poor wand'ring one

from Act I
setting: a rocky shore on the coast of Cornwall
character: Mabel

A group of girls, all wards of Major-General Stanley, happen on the rocky coast where only moments before a band of pirates were in conclave. Frederic, one of their number who this day ends his apprenticeship to the pirates and plans to leave them, sees the girls and is astonished by their beauty. He addresses them and hopes that one of them will look upon him with affection. The virtuous young maidens all refuse, except for Mabel.

LES CONTES D'HOFFMANN
(The Tales of Hoffmann)
1881
music by Jacques Offenbach
libretto by Jules Barbier and Michel Carré (after stories by E. T. A. Hoffmann)

The opera was unfinished at the time of Offenbach's death in 1880; completed, edited and orchestrated by Ernest Guiraud and others.

Les oiseaux dans la charmille
(Doll Song)

from Act I
setting: early 19th century; the house in Paris of the inventor Spalanzani
character: Olympia

The poet Hoffmann has come to the house of the inventor Spalanzani to become his apprentice. He falls in love with a lovely creature he meets there not realizing she is a mechanical doll and a creation of his master. Spalanzani introduces the doll at a reception and speaks of her musical accomplishments. A harp is brought on stage, and she sings to its accompaniment.

Les oiseaux dans la charmille,	*The birds in the arbor,*
dans les cieux l'astre du jour,	*in the skies, the sun—*
tout parle à la jeune fille d'amour!	*everything speaks to the young girl of love!*
Ah! tout parle d'amour!	*Ah, everything speaks of love!*
Ah!	*Ah!*
Voilà la chanson gentille,	*That's the pretty song—*
la chanson d'Olympia!	*Olympia's song!*
Ah!	*Ah!*
Tout ce qui chante et résonne	*Everything that sings and resounds*
et soupire tour à tour,	*and sighs in turn*
émeut son cœur, qui frissonne d'amour!	*arouses her heart, which quivers with love!*
Ah! tout parle d'amour!	*Ah, everything speaks of love!*
Ah!	*Ah!*
Voilà la chanson mignonne,	*That's the sweet song—*
la chanson d'Olympia!	*Olympia's song!*
Ah!	*Ah!*

LAKMÉ

1883
music by Léo Delibes
libretto by Edmond Gondinet and Philippe Gille (after Pierre Loti's *Le Mariage de Loti*)

Ah! Où va la jeune indoue
(Bell Song)

from Act II
setting: India, the 19th century; a bazaar with a temple in the background
character: Lakmé

Lakmé is the daughter of Nilakantha, a fanatical Brahmin priest. She met Gérald, a British officer, when he and his friends were sightseeing and invaded the temple compound. He confessed his love for her before being rushed away by Lakmé anticipating her father's return. Nilakantha, however, sees the figure disappearing in the forest as he arrives and cries for vengeance on the one who has defiled the temple precincts.

At the bazaar the old priest demands that his daughter, whom he introduces as a traditional Hindu singer, perform so that the unknown man will be drawn to her. She tells the story in song of an Indian maiden who one day saw a stranger lost in the forest. The maiden protects him by playing on her bells, which charm the beasts of the forest. She discovers that the stranger is Vishnu, the son of Brahma, and he transports her to the heavens.

Ah!	*Ah!*
Où va la jeune indoue,	*Where does the young Hindu girl go,*
fille des parias,	*daughter of pariahs,*
quand la lune se joue	*when the moon plays about*
dans les grands mimosas?	*in the tall mimosas?*
Elle court sur la mousse	*She runs upon the moss*
et ne se souvient pas	*and does not remember*
que partout on repousse	*that, everywhere, people spurn*
l'enfant des parias.	*the child of pariahs.*
Elle court sur la mousse,	*She runs upon the moss,*
l'enfant des parias;	*the child of pariahs;*
le long des lauriers roses,	*alongside the pink laurels,*
rêvant de douces choses,	*dreaming of sweet things,*
ah! elle passe sans bruit	*ah, she passes noiselessly,*
et riant à la nuit!	*laughing at the night!*
Là-bas dans la forêt plus sombre,	*Over there in the gloomier forest,*
quel est ce voyageur perdu?	*who is that traveller, astray?*
Autour de lui	*All around him*
des yeux brillent dans l'ombre;	*eyes sparkle in the darkness;*
il marche encore au hasard, éperdu!	*he continues walking haphazardly, bewildered!*
Les fauves rugissent de joie.	*The wild animals roar with joy.*
Ils vont se jeter sur leur proie.	*They are about to fall upon their prey.*
La jeune fille accourt	*The girl comes rushing up*
et brave leurs fureurs.	*and defies their fury.*
Elle a dans sa main la baguette	*She has in her hand the wand*
où tinte la clochette	*on which jingles the little bell*
des charmeurs.	*of magicians.*
Ah! ah! ah! ah! ah! ah! ah!	*Ah! ah! ah! ah! ah! ah! ah!*
L'étranger la regarde;	*The stranger looks at her;*
elle reste éblouie.	*she stops, dazed.*
Il est plus beau que les rajahs!	*He is more handsome than the rajahs!*
Il rougira	*He will blush with shame*
s'il sait qu'il doit la vie	*if he knows that he owes his life*
à la fille des parias.	*to the daughter of pariahs.*
Mais lui, l'endormant dans un rêve,	*But he, lulling her to sleep in a dream,*
jusque dans le ciel il l'enlève,	*raises her up into heaven,*
en lui disant: ta place est là!	*telling her: your place is there!*
C'était Vichnou, fils de Brahma!	*It was Vishnu, son of Brahma!*

Depuis ce jour, au fond des bois,	Since that day, in the depths of the woods,
le voyageur entend parfois	the traveller sometimes hears
le bruit léger de la baguette	the faint sound of the wand
où tinte la clochette	on which jingles the little bell
des charmeurs.	of magicians.
Ah!	Ah!

ZOLOTOJ PETUSHOK
(Le Coq d'Or)
The Golden Cockerel
1909
music by Nikolai Rimsky-Korsakov
libretto by Vladimir Bel'skii (after a fairy tale by Pushkin)

Otvet' mne, zorkoe svetilo (Hymn to the Sun)

from Act II
setting: a narrow and desolate mountain pass in the kingdom of King Dodon
character: Shemakhanskaja tsaritsa (the Queen of Shemakha)

Dodon's kingdom is constantly besieged, and at last an astrologer offers the king a magic golden cockerel that will crow in warning of an attack. It's not long before the cry of the cockerel is heard, and Dodon prepares for a war that goes badly. His sons are slain and as he concludes his lament over their bodies the mists rise and reveal an elaborate tent. Dodon's men fire upon it but the only effect is that a ravishingly beautiful young woman emerges from the tent resplendently gowned and wearing a white turban with a long feather. Followed by four slaves with musical instruments she raises her arms in invocation and intones the "Hymn to the Sun."

Otvet' mne, zorkoe svetilo,	Answer me, vigilant dawn.
S vostoka k nam prikhodish' ty:	You come to us from the East.
Moj kraj rodnoj ty posetilo,	Have you visited my native land,
Otchiznu skazochnoj mechty?	the motherland of a fairytale dream?
Vsë tak zhe l' tam sijajut rozy	Are there still roses beaming there
I lilij ognennykh kusty?	and bushes of fiery lilies?
I birjuzovye strekozy	And turquoise dragonflies
Lobzajut pyshnye listy?	kissing the luxurious leaves?
I v vecheru u vodoëma	And in the evening by the pond
V nesmelykh pesnjakh dev i zhën,	in timid songs of maidens and women,
Vsë ta zhe l' divnaja istoma,	is there still the same divine languor,
Ljubvi zapretnoj strastnyj son?	a passionate dream of forbidden love?
Vsë tak zhe l' dorog gost' sluchajnyj	Is the unexpected guest still dear?
Emu gotovy i dary	Are the gifts prepared for him,
I skromnyj pir, i vzgljad potajnyj,	and a modest feast, and a secret glance
Skvoz' tkan' revnivuju chadry?	through the fabric of a jealous chadra?
A noch' sgustitsja golubaja,	While the blue night deepens,
K nemu, zabyv i styd, i strakh,	to him, having forgotten the shame and fear,
Speshit khozjajka molodaja	is a young mistress hurrying
S priznan'em sladostnym v ustakh?	with a sweet confession on her lips?

Russian translation and transliteration by Carol Reynolds

ARIADNE AUF NAXOS
1912, revised 1916
music by Richard Strauss
libretto by Hugo von Hofmannsthal (after Hofmannsthal's German translation of Molière's play, *Le Bourgeois Gentilhomme*)

Großmächtige Prinzessin...Noch glaub' ich dem einen ganz mich gehörend

in one act
setting: Vienna, the 18th century; a stage setting representing the isle of Naxos in ancient Greece
character: Zerbinetta

At the great house of a wealthy patron of the arts, an opera company and a comedia dell'arte troupe are preparing separate works for an evening's entertainment. To the horror of the opera composer, whose new work is based on the Greek legend of Ariadne abandoned on the island of Naxos, all the artists are informed that they must perform both stageworks simultaneously in order to finish on time for the royal fireworks. The composer is persuaded to fuse his work with that of the comedians. The opera within an opera begins.

At a cave in Naxos Ariadne, now deserted by her lover Theseus, calls upon death to ease her suffering. Zerbinetta and the other commedia dell'arte characters enter and try to cheer Ariadne with song and dance. When that fails, Zerbinetta lingers at the cave to persuade Ariadne more candidly. She expounds on her philosophy that love may come and love may go, but a girl must be prepared to move on.

Großmächtige Prinzessin,	*High and mighty princess,*
wer verstünde nicht,	*who wouldn't understand*
daß so erlauchter und erhabener Personen	*that for such noble and lofty persons*
Traurigkeit mit einem anderen Maas gemessen	*sadness must be measured with another*
werden muß,	* standard*
als der gemeinen Sterblichen.	*than for ordinary mortals.*
Jedoch, sind wir nicht Frauen unter uns,	*And yet, are we not both women,*
und schlägt denn nicht in jeder Brust	*and does there not beat in each breast*
ein unbegreiflich Herz?	*an inexplicable heart?*
Von unsrer Schwachheit sprechen,	*To speak of our weakness,*
sie uns selber eingestehn,	*to admit it to ourselves—*
ist es nicht schmerzlich süß?	*is it not painfully sweet?*
Und zuckt uns nicht der Sinn danach?	*And do our senses not thrill from it?*
Sie wollen mich nicht hören...	*You do not wish to hear me...*
schön und stolz und regungslos,	*Beautiful and proud and motionless,*
als wären Sie die Statue	*as though you were the statue*
auf Ihrer eignen Gruft.	*on your own tomb.*
Sie wollen keine andere Vertraute	*Do you want to have no other confidante*
als diesen Fels und diese Wellen haben?	*than this rock and these waves?*
Prinzessin, hören Sie mich an—	*Princess, listen to me:*
nicht Sie allein, wir alle ach,	*not for you alone—all of us, ah,*
wir alle was ihr Herz erstarrt…	*for all of us that which numbs the heart...*
wer ist die Frau,	*who is the woman*
die es nicht durchgelitten hätte?	*who has not suffered through it?*
Verlassen! in Verzweiflung! ausgesetzt!	*Forsaken! In despair! Rejected!*
Ach, solcher wüsten Inseln	*Ah, such desolate islands*
sind unzählige auch mitten unter Menschen,	*are countless even among men.*
ich, ich selber habe ihrer mehrere bewohnt	*I myself have inhabited many of them,*
und habe nicht gelernt, die Männer zu verfluchen.	*and have not learned to curse men.*
Treulos sie sinds!	*Faithless—they are that!*
Ungeheuer, ohne Grenzen!	*Monstrous, without limits!*
Eine kurze Nacht, ein hastiger Tag,	*A brief night, a passionate day,*
ein Wehen der Luft,	*a flutter of the breeze,*
ein fließender Blick verwandelt ihr Herz!	*a fleeting glance transforms their hearts!*
Aber sind wir denn gefeit gegen die grausamen,	*But are we protected against the cruel,*
entzückenden, die unbegreiflichen Verwandlungen?	*delightful, incredible transformations?*
Noch glaub' ich dem einen ganz	*Yet when I believe myself belonging*
mich gehörend,	* to one man,*
noch mein' ich mir selber so sicher zu sein,	*and think myself to be so trustworthy,*
da mischt sich im Herzen	*there mingle in my heart,*
leise betörend	*gently infatuating,*
schon einer nie gekosteten Freiheit,	*feelings of a never-tasted freedom,*

schon einer neuen verstohlenen Liebe
schweifendes, freches Gefühle sich ein.
Noch bin ich wahr und doch ist es gelogen,
ich halte mich treu und bin schon schlecht,
mit falschen Gewichten wird alles gewogen
und halb mich wissend
und halb im Taumel
betrüg ich ihn endlich
und lieb ihn nocht recht.

So war es mit Pagliazzo und Mezzetin!
Dann war es Cavicchio, dann Burattin,
dann Pasquariello!
Ach und zuweilen will es mir scheinen,
waren es zwei!
Doch niemals Launen, immer ein Müssen,
immer ein neues beklommenes Staunen:
daß ein Herz sogar sich selber nicht versteht.

Als ein Gott kam Jeder gegangen
und sein Schritt schon machte mich stumm,
küßte er mir Stirn und Wangen,
war ich von dem Gott gefangen
und gewandelt um und um.
Als ein Gott kam Jeder gegangen,
Jeder wandelte mich um,
küßte er mir Mund und Wangen,
hingegeben war ich stumm.
Kam der neue Gott gegangen, hingegeben
war ich stumm…

of a furtive love
wandering and shameless.
So am I sincere and yet deceptive;
I consider myself true but am quite bad.
With false importance everything is weighed
and half knowing what I'm doing
and half in ecstasy
I betray him in the end
and yet really love him.

So it was with Pagliazzo and Mezzetin!
Then it was Cavicchio, then Burattin,
then Pasquariello!
Once in a while it seemed to me that
there were two!
But never whims...always a necessity,
always a new, anxious amazement:
that a heart cannot even understand itself.

Like a god each one came,
and his step made me speechless.
As he kissed my brow and cheeks
I was captivated by the god
and completely changed.
Like a god each one came,
each one transformed me.
He kissed my mouth and cheeks;
yielding, I was silent.
The new god came; yielding,
I was silent…

THE TELEPHONE

1947
music by Gian Carlo Menotti
libretto by the composer

Hello! Oh, Margaret, it's you

in one act
setting: United States, mid-20th century; Lucy's apartment
character: Lucy

Lucy's boyfriend Ben is about to go away, but he stops at her apartment to bring a gift and probably propose marriage. He seems on the point of popping the question when the telephone rings. It's a call from Lucy's friend, Margaret, and they have a lot to say.

THE TEMPEST

1986
music by Lee Hoiby
libretto by Mark Shulgasser (after the play by William Shakespeare)

Vocalise

from Act II, scene 2
setting: legendary; a remote island
character: Ariel, an airy spirit

Some years before, Prospero, Duke of Milan, and his daughter Miranda were shipwrecked on a strange island. When they arrived the island was uninhabited save for spirits and the creature Caliban, half fish and half man, who is the son of the witch Sycorax. Prospero released the spirits imprisoned by Sycorax from bondage, but retained the service of one, Ariel. After another shipwreck and the clamor of a silent world suddenly occupied by many, Ariel begins the second scene of Act II alone, suspended from a cloud and giving voice to the night air and the moonlight.

Tornami a vagheggiar
from
ALCINA

George Frideric Handel

28

giar, _____ te so - lo vuol a - mar _____ quest' a - ni - ma fe -

del, _____ ca - ro _____ mio _____ be -

ne, ca - ro,

tor - na - mi a va - gheg - giar.

Tor - na - mi a va - gheg - giar,

quest' a - ni - ma fe -
del, ca - ro mi - o be - ne, ca -
- ro,____ ca - ro __ mio be - ne.

[VI-]*

* Suggested cut for auditions.

Già ti do - nai il mio cor, già ti do - nai il mio

cor, fi - do sa - rà'l mio a - mor, mai ti sa - rò cru -

del, ca - ra mi - a spe - ne, mai ti sa - rò cru -

del, fi - do sa - rà'l mio a - mor, mai ti sa - rò cru -

da capo al fine

del, ca - ra _____ mia spe - ne, ca - ra mia spe - ne.

Durch Zärtlichkeit und Schmeicheln
from
DIE ENTFÜHRUNG AUS DEM SERAIL

Wolfgang Amadeus Mozart

gu - ten Mäd - chen leicht. Doch

mür - ri - sches Be - feh - len, und

Pol - tern, Zan - ken, Pla - gen, und

Pol - tern, Zan - ken, Pla - gen macht,

35

36

daß in we - nig Ta - gen so ___ Lieb' als Treu' ent -

weicht, ___ macht, ___ daß in we - nig Ta - gen so ___

Lieb' ___ als ___ Treu' ent - weicht, _____

so

Lieb' als Treu' ent - weicht. Durch Zärt - lich - keit und

Schmei - cheln, Ge - fäl - lig - keit und Scher - zen er -

o - bert man die Her - zen der gu - ten Mäd - chen

leicht, der gu - ten Mäd - chen leicht. Doch mür - ri - sches Be -

feh - len, und Pol-tern, Zan-ken, Pla - gen, und Pol-tern, Zan-ken, Pla - gen macht, __

daß in __ we - nig __ Ta - gen so __ Lieb' __ als __ Treu' ent -

weicht, _____

so Lieb' __ als __ Treu' ent - weicht. _____

Durch __

Zärt-lich-keit und __ Schmei-cheln, Ge - fäl - lig-keit und _____

Scher - zen er - o - bert man die __ Her - zen der gu - ten __ Mäd-chen

leicht.

* In the manuscript:

Durch __ Zärt - lich-keit und __ Schmei-cheln, Ge - fäl - lig-keit

Da schlägt die Abschiedsstunde

from

DER SCHAUSPIELDIREKTOR

Wolfgang Amadeus Mozart

MADAME HERZ:

Da schlägt die Ab-schieds-stun - de, um grau - sam uns zu tren-nen, um grau - sam, um grau - sam uns zu tren-nen. Wie werd' ich le - ben kön - nen, o

* Appoggiatura recommended

41

42

Allegro moderato

sein. Ein Herz, das so der Ab - schied

krän-ket, dem ist kein Wan - kel - mut be-kannt, kein Wan - kel - mut be-

kannt! Wo - hin es auch das Schick - sal len - ket,

nichts trennt das fest - ge - knüpf - te Band, nichts trennt

44

O zittre nicht, mein lieber Sohn
from
DIE ZAUBERFLÖTE

Wolfgang Amadeus Mozart

KÖNIGIN DER NACHT:

O zit-tre nicht, mein lie-ber Sohn; du bist un-schul-dig,

weise, fromm. Ein Jüng-ling, so wie du, ver-mag am

besten das tief - be - trüb - te Mut - ter-herz zu trö - sten.

Larghetto

Zum Lei - den bin ich aus - er - ko - ren; denn mei - ne

Toch - ter feh - let mir. ___ Durch sie ging all mein Glück ver - lo - ren, durch

48

sie ging all mein Glück ver - lo - ren; ein Bö - se-wicht, ein

Bö - se-wicht ent-floh mit ihr. Noch seh' ich ihr

Zit - tern mit ban - gem Er - schüt - tern, ihr

ängst - li - ches Be - ben, ihr schüch - ter - nes

49

50

Allegro moderato

schwach.

Du, du,

du wirst _ sie _ zu be - frei - en ge - hen,

du wirst der Toch - ter _ Ret - ter sein, ja,

du _____ wirst der Toch - ter _ Ret - ter _ sein!

Und werd' ich dich __ als __ Sie - ger __ se - hen, so sei sie dann __ auf __ e - wig __ dein, so sei sie dann _____

p

cresc.

fp

dein, auf e - wig dein, auf

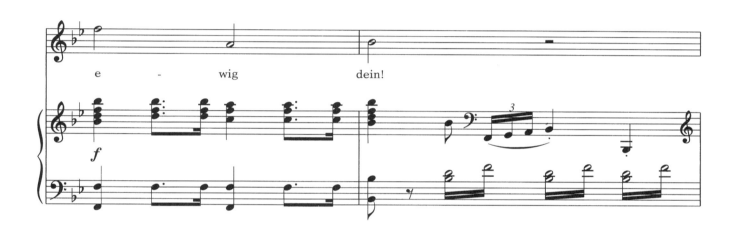

e - wig dein!

Der Hölle Rache
from
DIE ZAUBERFLÖTE

Wolfgang Amadeus Mozart

56

so bist du mei - ne Toch - ter

nim - mer - mehr!

Ver - stoß - en sei auf

59

Plus de dépit, plus de tristesse

from
LES DEUX AVARES

André Grétry

chan - - - - - -

- te quand je __ te __ vois. Plus de dé - pit,

plus de __ tris - tes - se, dès __ que __ je __ puis vo -

64

sien, mon tré - sor vaut mieux __ que le sien.

Plus de dé - pit, plus de __ tris - tes - se,

p   sf   p   sf   p

dès __ que __ je __ puis vo - ler __ vers toi. Plus __ de dé -

più f

pit, plus __ de __ tris - tes - se, dès que je

p   poco cresc.

puis vo - ler, _____ dès que je puis vo - ler vers toi, _____ dès que je puis vo - ler vers toi.

Una voce poco fa
from
IL BARBIERE DI SIVIGLIA

Gioachino Rossini

The original key is E major. The transposition up to F is traditional for coloratura sopranos.

ROSINA: *p*

U - na vo - ce po - co fa qui _ nel cor mi _ ri - suo -

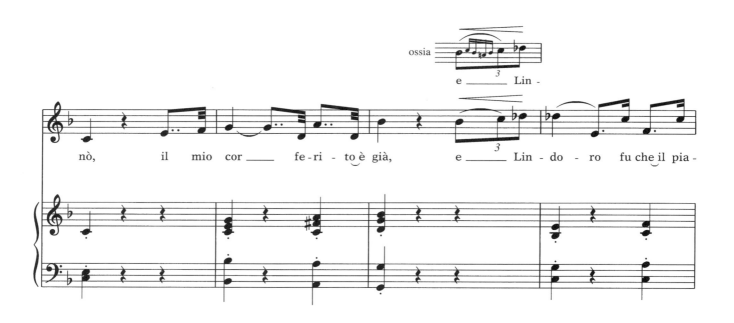

ossia
e _____ Lin -

nò, il mio cor _____ fe - ri - to è già, e _____ Lin - do - ro fu che il pia -

gò. Sì, Lin - do - ro mio _ sa - rà, lo _ giu - ra - i, la _ vin - ce -

rò; sì, Lin - do - ro ____ mi - o __ sa -

rà, lo giu - ra - i, ah _____ la vin - ce -

rà, lo giu - ra - i, la __ vin - ce - rò.

Il tu-tor ri-cu-se - rà, io l'in-ge - gno a-guz - ze -

rò,   al - la fin s'ac-che-te - rà,   E con-ten - ta io re - ste -

rò,   al - la fin s'ac-che-te - rà,   E con-ten - ta io re - ste -

rò.   Sì, Lin - do   - ro mi - o sa -

rò.   Sì, Lin - do   - ro mio sa -

rà,   lo giu-ra - i,   la vin - ce -

rà,   lo giu - ra-i,   la vin - ce -

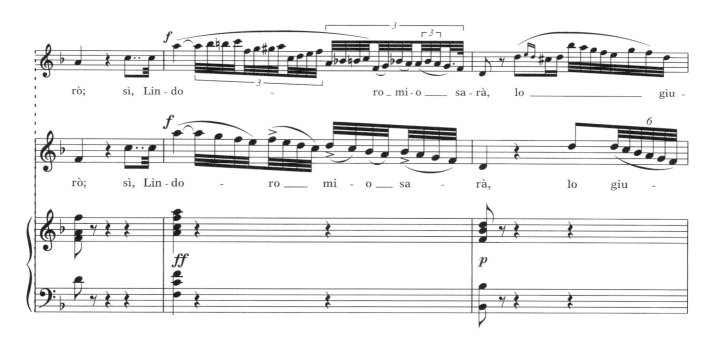

rò; sì, Lin - do - ro mi - o sa - rà, lo giu -

rò; sì, Lin - do - ro mi - o sa - rà, lo giu -

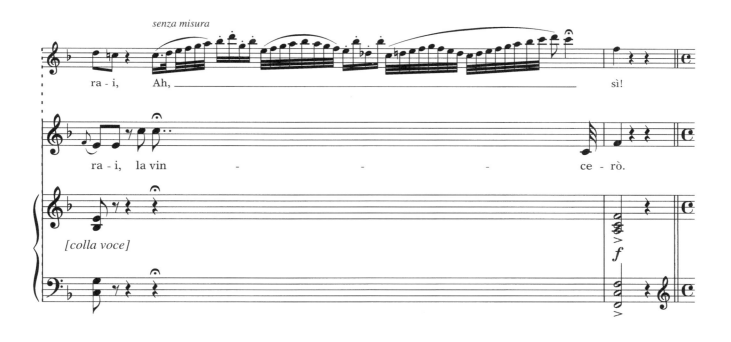

senza misura

ra - i, Ah, sì!

ra - i, la vin - ce - rò.

[colla voce]

Allegro moderato

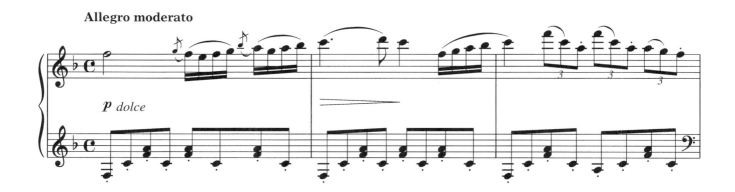

p dolce

Io so - no _____ do - ci - le,

son ri - spet - to - sa, so _____ no ub - bi -

dien - te, dol - ce, a - mo - ro - sa; mi la-scio

reg - ge-re, mi la-scio reg - ge-re, mi fò gui - dar, mi ____ fò ____ gui -

dar. ____ Ma, ma se mi

dar. ____ Ma se mi toc - ca - no dov'-è il mio de - bo - le, sa-rò u-na

74

trap - po - le fa - rò, fa - rò gio -

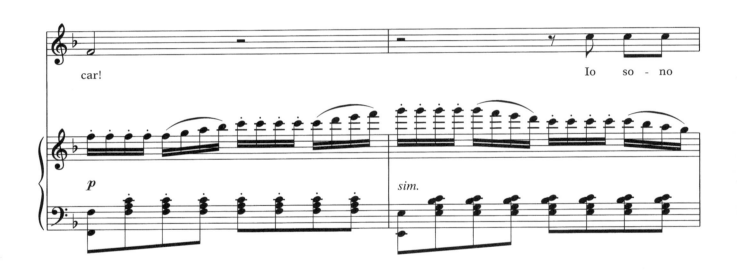

car! Io so - no

do - ci -le, so - no ub - bi -

dien - te, mi la - scio reg - ge-re, mi fò gui -

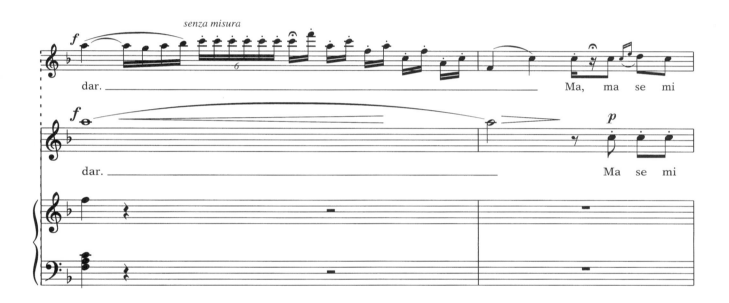

senza misura

dar. _____ Ma, ma se mi

dar. _____ Ma se mi

toc - ca - no, ah, _____ dov' - è il mio de - bo - le, ah, _____ sa - rò u - na

toc - ca - no dov' - è il mio de - bo - le, sa - rò u - na

vi - pe - ra, _____ sa - rò; _____ e cen - to

vi - pe - ra, _____ sa - rò; e cen - to

trap - po - le, ah, ah, pri - ma di ce - de - re, ah, ah, fa - rò gio -

trap - po - le, pri - ma di ce - de - re, fa - rò gio -

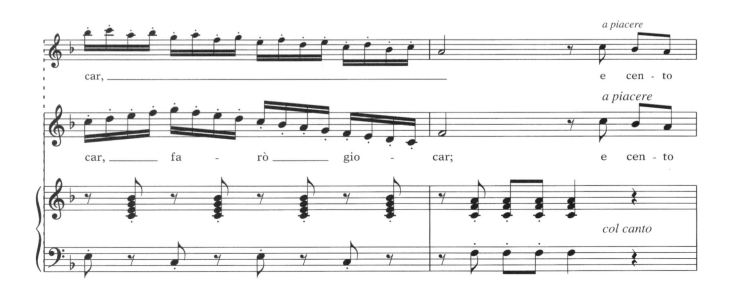

car, _____ e cen - to

car, _____ fa - rò _____ gio - car; e cen - to

Ah! non credea... Ah! non giunge

from
LA SONNAMBULA

Vincenzo Bellini

AMINA:

Ah! non cre-dea mi - rar - ti sì pre - sto e-stin-to, o

fio - re; pas - sa - sti al par_ d'a - mo - re, che un gior - no

so - lo, che un gior - no sol_ du - rò,_____ che un gior - no

85

86

88

Allegro moderato

Ah! non giun - ge _____ u-man pen-sie - ro _____ al con -

pp *leggierissimo*

ossia

pie - na, a' miei

ten - to _____ on - d'i-o son _ pie - na, a' miei sen - si _____ io cre - do ap -

90

Care compagne... Come per me sereno

from
LA SONNAMBULA

Vincenzo Bellini

92

con tenero accento

Com - pa-gne...

te - ne - ri a - mi -ci...   Ah!

ma - dre...   Ah! _____ qual gio - ia!

Cantabile sostenuto assai

Co - me per me se - re - no
6

p

ah __ non __ ha __ for - - za a __ so - ste - ner, _____ a __ so - ste - ner, ah _____ no, ah _____ no, ah _____ no, ah _____ no, a _____ so - ste -

a piacere

col canto

pp

ner. _____ So - vra il sen la ___ man mi

po - sa; pal - pi - tar, bal - zar, ___ bal - zar lo ___ sen - ti: e - gli è il

cor che i ___ suo - i con - ten - ti non _____ ha ___

for - za a so - ste - ner.

99

Tempo I *opt.*

So-vra il sen la __ man mi po - sa; pal-pi-

pp

zar, _____ lo __

tar, bal - zar, _____ bal - zar lo __ sen - ti: e - gli è il cor che i suoi con -

ten - ti non ha for - za a so - ste - ner,

ff

Ah! __ non __ ha __ for -

pp

tar, __ bal __ zar, _____ lo __

po __ sa; pal __ pi __ tar, bal __ zar, _____ bal __ zar __ lo

suo i con-ten-ti

con forza

sen - ti: e-gli è il cor che_ i __ suo-i con - ten - ti non _____ ha _

Più vivo

for - za a __ so - ste - ner.

f

Ah! lo sen - to, e il mio

co - re,   Ah,   sì,   bal -

ff   *pp*

zar,   bal - zar   lo ____ sen - to,   bal -

zar,   bal - zar   lo ____ sen - to, ____

lo   sen - - to   bal -

104

* optional tacet until page 105, 2nd system

Regnava nel silenzio
from
LUCIA DI LAMMERMOOR

Gaetano Donizetti

LUCIA:

Re - gna - va nel __ si - len - zio al - ta la not - te e bru - na... col pia la fon - te un pal - li - do rag - gio di __ te - tra lu — na... quan-do un som - mes — so

Qual di chi par - la, muo - ver - si

il lab - bro su - o ve - de - a, e con la ma - no e -

sa - ni - me,

sa - ni - me chia - mar - mi a sé____ pa -

a tempo

[rubato]

[col canto]

110

senza misura

for - to, ah,____ è con-for - to al____

rall.

for - to, è con-for - to al____ mi - o, al mi - o pe -

col canto

colla voce

Moderato

nar.

p

tr

p

p

tr

tr

f

112

114

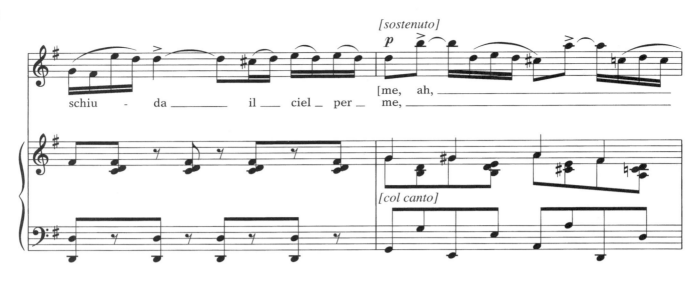

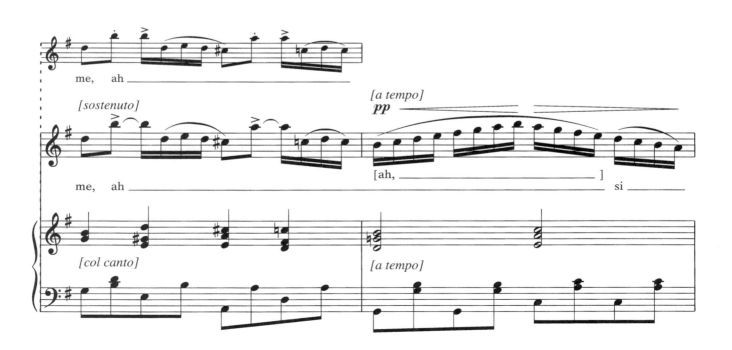

ciel _____ per _____

schiu - da _ il _ ciel _____ per _____ me.

Poco più mosso

f

[*tr* ～～～～～～～～～～～～～～～～～]

rall. e cresc.

Ah! _____

rall.   *p*

116

[Moderato]

Quan - do ra-pi - to in e - sta-si del più co-cen - te ar-

Quan - do ra-pi - to in e - sta-si del più co-cen - te ar-

do - re col fa - vel - lar del

do - re, col fa - vel - lar del co - re

mi giu - ra e -ter - na fè, gli af - fan - ni miei di -

gio - ia ____ di - vie ____ ne il

men - ti - co; gio - ia di - vie - ne _ il pian ____ to.

[rall.]　　　[col canto]

Par - mi _____ che a lu - i d'ac - can _____ to _ si _

a tempo

Par - mi _____ che a lu - i d'ac - can _____ to si

a tempo

[sostenuto]

schiu - da _____ il _ ciel _ per _ me, ah, _____

[sostenuto]

p

schiu - da _____ il _ ciel _ per _ me, _____

[col canto]

118

*Traditional cut

120

Il dolce suono... Spargi d'amaro pianto

(Mad Scene)

from

LUCIA DI LAMMERMOOR

Gaetano Donizetti

Il dol - ce suo - no mi col-pì di sua vo - ce. Ah, quel-la

vo - ce m'è qui nel cor di - sce - sa. Ed - gar - do, io ti son

re - sa, Ed - gar - do, ah, Ed - gar - do mi - o,

sì, ti son re - sa: fug - gi - ta io son da tuoi ne - mi -

affret.

ci, da _____ tuoi _____ ne - mi -

mf

col canto

a tempo

Recit.

ci.

Un

a tempo

p

126

* Appoggiatura possible

* Appoggiatura possible

128

Allegro

li - ce!　　Oh gio - ia＿ che si＿ sen - te,　　oh gio-ia

ff　　　　　　　　　　　　　　*f*

che ＿＿＿＿＿＿＿＿ si sen - te e non si

che si ＿＿＿＿＿ sen - te e non si di

p

- ce e non si di - ce!

Maestoso

- - - - - - ce!　　Ar-don gl'in -

3

f

6/8

130

mi - o,

mi - o, a me ti do - na, a

me ti _ do - na _ un _ Di - o.

gra - to

O - gni pia - cer più _ gra - to,

sì, o - gni pia - ce - re mi fia _ con te _ di -

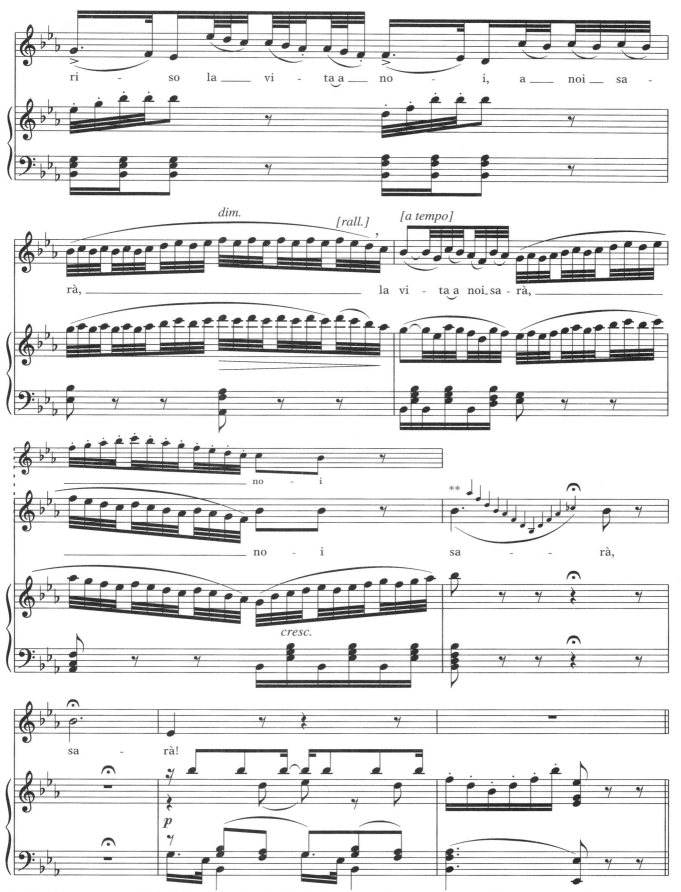

** A cadenza accompanied by flute traditionally begins here. See the next two pages for two suggested cadenzas which replace these four bars.

134

* a cadenza used by Lily Pons and others

Cadenza II
senza misura

136

Moderato

Spar - gi d'a - ma - ro pian - to il mio ter - re - stre

ve - lo, men - tre las - sù nel cie -

138

140

me,

per _____ me, [Ah!] _____

Opt.

Più allegro

] per _____ me.

Ah!

[Ah!
Ah!

]

O rendetemi la speme... Qui la voce

from
I PURITANI

Vincenzo Bellini

rir. ___   Qui la vo - ce sua so - a - ve mi chia-ma-va e poi spa -

ri. ___   Qui giu-ra-va es - ser fe - de - le, qui il giu-

ra - va, qui il giu-ra - va, e poi cru-de - le, poi cru-

sciate, la-scia-te-mi mo rir, ____ o ren-de - te-mi __ la __

spe - me, _____ o la-scia - te, la-scia - te-mi mo -

rir. __

Allegro

148

sotto voce

po - sa vien, ti po - sa sul mio cor! Deh! t'af - fret - ta, _____ o Ar - tu - ro

pp

ra: _____ es - sa

sotto voce

mi - o, rie - di, o ca - ro, _____ al - la tua El - vi - ra: es - sa

con slancio

pian - ge e _____ ti so - spi - ra. Vien, _____ o ca - ro, al - l'a -

pp

incalzando

mo - re, vien _____ al - l'a -

151

ossia

rie - di.   Ah._____

rie - di   al   pri - mo   a - mor!___

dim.

ppp

Ah, tardai troppo...
O luce di quest'anima

from
LINDA DI CHAMOUNIX

Gaetano Donizetti

LINDA: Recitative

Ah, tar - dai trop-po, e al no-stro fa-vo-ri-to con-ve-gno io non tro -

va - i il mio di-let-to Car-lo. E chi sa ma - i quant'e-gli a-vrà sof -

* Apoggiatura recommended

Andante

fer - to, ma non al par di me! Pe - gno _ d'a -

mo - re que-sti fior mi la-sciò! Te - ne - ro co - re! E per quel co-re io

l'a-mo, u-ni-co di _ lui be-ne. Po - ve-ri en - tram-bi

sia - mo; vi - viam d'a-mor, di spe - me. Pit - to-re i-gno-to an -

che te so - spi-ra e bra - ma, che per te sol vi - vrà! _____

O lu - ce di quest' a - ni - ma, a - mor, de - li - zia e

vi - ta, u - ni - ta no - stra sor -

- te in ter - ra in ciel sa - rà, u - ni - ta no - stra sor - te _____

Ah, _____ sa - rà!

_____ in ciel, in ciel sa - rà!

Poco più

f

Vie - ni... Ah!

Ah! _____

[senza misura]

Ah! _____

O — lu – ce — di quest' a – ni – ma,

a tempo

O lu – ce di quest' a – ni – ma,

a tempo

pp

de – li – zia, a – mo – re e vi – ta,

de – li – zia, a – mo – re e vi – ta,

calando

p

la no-stra sor-te u – ni – ta in ter-ra, in ciel sa – rà.

calando

p

cresc. e string.

Deh vie-ni a me, ri - po - sa - ti su que-sto cor che t'a - ma,

cresc. e string.

che te so-spi-ra e bra - ma, che per te sol vi -

rall. [a tempo]

vra. Ah _____ O ___ lu - ce ___ di ___ quest' ___

[a tempo]

vra _____ O lu - ce di quest'

[a tempo]

pp

[a tempo]

pp

162

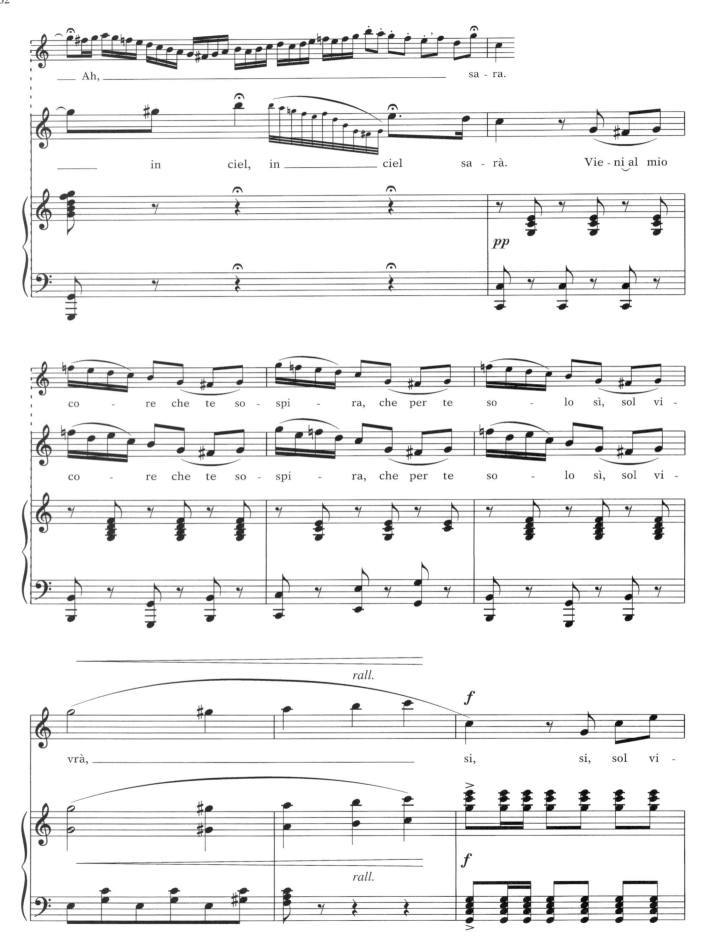

164

Chacun le sait
from
LA FILLE DU RÉGIMENT

Gaetano Donizetti

La la la la la la la la la la la la la. La la la la la la la la la la la la la. Ah

Ah!

Cha-cun le sait, cha-cun le dit: le ré-gi-ment _ par _ ex-cel-

len-ce, le seul à qui l'on fass' cré-dit dans tous _ les ca-ba-rets _ de _

166

168

reur, ____ on ___ le ___ pen - se, fe - ra cha -cun de ses sol-

dats, ___ à la ____ paix, ma - ré -chal ___ de ____ Fran - ce! Car c'est con-

nu le ____ ré - gi -ment le plus vain -queur, le _____ plus char-

mant, ____ et _____ que l'autre

mant, ___ qu'un se - xe craint, et ___ que l'autre ai - me. Il est

[suivez]

170

Quel guardo il cavaliere...
So anch'io la virtù magica
from
DON PASQUALE

Gaetano Donizetti

lie - re _____ in mez-zo al cor tra - fis - se;

pie - gò il gi - noc - chio e dis - se: Son vo-stro ca - va-

lier. E tan - to e - ra in quel guar - do

sa - por di pa - ra - di - so _____

174

rall.   a tempo

su - bi - to __ lan-guor.   Co - no - sco i mil - le mo - di del - l'a - mo - ro - se

col canto   a tempo

a tempo

fro - di, i vez-zi e l'ar - ti fa - ci-li per a - des-ca-re un cor.   D'un bre - ve sor - ri -

a tempo

set - to co - no - sco an-ch'io l'ef - fet - to, co - no - sco, co - no - sco, d'un

su - bi - to lan-guor.   So an - ch'io la vir - tù ma - gi-ca per in - spi-ra - re a-

176

178

So an ch'io co-me si bru-cia-no i co-ri a len - to

fo - co. D'un bre - ve sor - ri - set - to co - no - sco an-ch'io l'ef-

fet - to, di men - zo-gne-ra la - gri-ma, d'un su - bi-to___ lan-

* This cut is traditional

179

180

guor.　So an-ch'io la vir - tù ma - gi-ca per in - spi-ra - re a - mor;＿ co-

no - sco l'ef - fet - to,　ah ＿＿＿＿ sì,　ah ＿＿＿＿

Ricci's optional ending:

sì!　Ah! ＿＿＿＿

(Ah!) ＿＿＿＿

* Optional ending for the aria as advised by Ricci.

pia - ce, mi pia - ce scher -

zar. Ho te - sta vi - va - ce, mi pia - ce scher -

[pp]

zar. Ho te - sta vi - va - ce, mi pia - ce scher -

[f]

zar, mi pia - ce scher - zar, mi pia - ce scher -

Ombre légère
(Shadow Song)
from
DINORAH

Giacomo Meyerbeer

Andantino

p
légèrement

DINORAH: Récitative

La nuit   est froide et som - bre.   Ah! quel en-nui d'er - rer   seu-le dans l'om - bre!

Allegro

f

(à l'ombre)

O joi - e!   En - fin le ciel s'é - clai - re!   Je te re-trou - ve, a-

mie in - gra - te et chè — re! Bon - jour! Tu veux sa - voir, je

ga - ge, quel - les chan - sons d'a - mour, en te mê - lant aux dan - ses du vil - la - ge, tu chan - te -

ras à no - tre ma - ri - a - ge?

Allegro

Al - lons, vi - te, prends ta le - çon! Hâ - te-toi d'ap - pren - dre danse et chan -

186

Allegretto ben moderato (♩. = 52)

son!

légèrement

Om-bre lé - gè - re, qui suis mes pas, ___ ne t'en va pas, _ non, non,

non! Fée ou chi - mè - re, qui m'est si chè - re, ne t'en va pas! _ Non, non,

non! Cou - rons en - sem - ble, j'ai peur, je trem - ble quand tu t'en

vas _ loin de moi! ___ Ah! ___ Ne t'en ___ va

188

190

c'est bien! Ah!

ré-ponds! Ah!

c'est bien! Ah! ré-ponds! Ah!

Le même mouvement, mais un peu plus vite

Ah!

ré - ponds!   Ah!

c'est   bien!   Ah!   ré -

ponds!   Ah!   ré - ponds!   Ah!

192

193

194

196

Ah! _____ c'est el - le!

Ah! _____ Mé - chan-te, mé-chan-te, est-ce moi que l'on fuit? Mé -

Tempo I (Allegro moderato)

chan-te, mé-chan-te, mé-chan-te, est-ce moi que l'on fuit? Om-bre lé - gè - re, qui suis mes

pas, ___ ne t'en va pas! _ Non, non, non! Fée ou chi - mè - re, qui m'est si

La, la, la, la, la, la, la _____ Ah! _____

Ah! _____

doux

f

res - te, res - te a - vec

suivez

Allegro con spirito (♩. = 96)

moi!

f

Ah!

C'est l'histoire amoureuse
(Laughing Song)
from
MANON LESCAUT

Daniel François Esprit Auber

204

ris! Ah!

BOURBONNAISE
Allegro ♩ = 138

f

p

C'est l'his - toire a - mou -

reu - se, au-tant que fa - bu - leu - se, d'un ga-lant fier à bras, ah ah ah ah ah ah ah
bi - le, car dans la gran-de vil - le il est des ma-gis-trats! Ah ah ah ah ah ah ah
sai - re, a - lors que vers Cy - thè - re vous por - te - rez vos pas, ah ah ah ah ah ah ah

ah... d'un ten-dre com-mis - sai - re que l'on croy-ait sé - vè - re et qui ne l'é-tait
ah. Il est des ré - ver - bè - res van-tés pour leurs lu - miè-res et qui n'é-clai-rent
ah, Di - o - gè - ne mo-der-ne, pre-nez vo - tre lan - ter-ne, de crain-te de faux

pas! Ah ah ah ah ah ah ah ah. Il ai-mait u - ne belle, ah ah! Il en vou-lait, mais
pas! Ah ah ah ah ah ah ah ah. Au lo-gis de la belle, ah ah, un soir que sans chan-
pas! Ah ah ah ah ah ah ah ah. Mais c'est qu'à la lu-mière, ah ah, vous au-rez peine à

206

208

la la la la la la la la la la la la la la la. [la la la la la.]

2. On le di-sait ha - la.
3. Ô ga-lant com-mis-

Den Teuren zu versöhnen
from
MARTHA

Friedrich von Flotow

LADY HARRIET: Recitative

Zum treu-en Freun-de geh', den Plan ihm zu ent-

de-cken, den mein be-reu-end Herz voll Zu-ver-sicht er-dacht, aus dump-fer Schwer-mut

Traum den Teu-ren zu er-we-cken mit neu-em Hoff-nungs-strahl, nach trü-ber Ker-ker-

210

211

212

214

216

mein,   mein   wird   er,

mein,   ja mein!

Je suis Titania

from
MIGNON

Ambroise Thomas

218

le ____ de l'air! En ri - ant, ___ je par-cours le mon - de, plus vi - ve

que _ l'oi __ seau, _ plus _ prom -pte _ que _____ l'é - clair!

Je __ suis Ti - ta - ni - a la

blon - de. Ah! _____

220

seau, plus prom-pte que l'é - clair! Ah! _____

Je ____ suis Ti - ta - ni - a la

blon - de. Je ___ suis Ti - ta - ni - a, fil - le ___ de l'air! En ri -

222

223

La trou-pe fol - le des lu - tins suit mon char qui vole et dans la nuit fuit

senza rigore

pp

— au ra - yon de Phœ -bé, qui luit! Par-

mi _____ les fleurs que l'au - ro - re fait é -

pp

dolce

clo - re, par les bois _ et par _ les prés di - a - prés, ___

sur les flots cou- verts_ d'é - cu - me, dans_ la _

bru - me, on me voit _ d'un pied _ lé - ger vol - ti - ger! _____

D'un pied _ lé - ger, par les bois, par les prés, et dans_ la

brume, on me voit vol - ti-ger, on me voit vol-ti-ger! Ah! _____

226

228

Je

suis Ti - ta - ni - a, fil - le ___ de l'air!

Ah! Ah! Ah! ___

Volta la terrea
from
UN BALLO IN MASCHERA

Giuseppe Verdi

234

pp
cor - do o - gnor, d'ac - cor - do o - gnor, d'ac - cor - do o -
pp
gnor, sì, sì, sì, sì,
con slancio
ah,
p
è con Lu - ci - fe - ro d'ac - cor - do o -
f
gnor, ah, o - gnor!
f

À vos jeux, mes amis...
Partagez-vous mes fleurs!

(Ophelia's Mad Scene)
from
HAMLET

Ambroise Thomas

jeux, mes a - mis, per - met - tez - moi, de grâ - ce de pren-dre part!

Nul n'a sui-vi ma tra - ce! J'ai quit-té le pa - lais aux pre-miers feux _____ du

[Più mosso]

jour.

Andantino

Des lar - mes de _ la nuit _ la terre é-tait mouil-lé - e; Et l'a-lou-

et - te, a - vant l'aube é - veil - lé - e, pla - nait dans

l'air, suivez

pp   f   p

240

Par - ta - gez - vous mes

244

246

BALLADE
Andantino con moto

Et main - te - nant é - cou - tez ma chan - son!

248

feu,   hé -   las!   tu dors   sous les   eaux   du   lac bleu!

Ah! _____   Ah! _____

Allegretto

à volonté   *éclatant de rire*

Ah!   Ah!   Ah!   Ah!   Ah!   Ah!

Ah! _____

a tempo

250

251

Allegro moderato ♩ = 112

pleurant

Ah! _____ Ah! cher é - poux! Ah! _____

riant

cher a - mant! Ah! _____

Ah! _____ doux _____ a - veu!

Ah! _____ ten - dre ser - ment! Bon-heur su-prê -

254

256

Ah!

Ah! ___ Ah! ___ je meurs!

*Optional cadenza

Ah! ___

je meurs!

Mein Herr Marquis
from
DIE FLEDERMAUS

Johann Strauss

258

seh'n!
gur!

Die Hand ist doch wohl gar zu fein, ah, ____
Schau'n durch die Lorg - net - te Sie dann, ah, ____

____ dies Füß - chen so zier - lich und klein, ah. ____ Die
____ sich die - se Toi - let - te nur an, ah. ____ Mir

rit.   *a tempo*

Spra - che, die ich füh - re, die Tail - le, die Tour - nü - re, der
schei - net wohl, die Lie - be macht Ih - re Au - gen trü - be; der

cresc.   *rit.*   *p*   *a tempo*

fz

glei - chen fin - den Sie bei ei - ner Zo - fe nie, der
schö - nen Zo - fe Bild hat ganz Ihr Herz er - füllt, der

ha ha ha ha ha ha! Ja, sehr ko - misch, ha ha ha, ist die Sa - che,

ha ha ha, ha! _____ Ach, _

_ ach, _ sehr ko - misch, Herr Mar - quis, sind Sie!

Spiel' ich die Unschuld vom Lande
from
DIE FLEDERMAUS

Johann Strauss

ADELE:

Spiel' ich die Un-schuld vom Lan - de, na - tür-lich im kur-zen Ge - wan - de, so

hüpf' ich ganz neck-ish um - her, _____ als ob ich ein Eich-kat-zerl wär'! _____

Und kommt ein saub' - rer, jun - ger Mann, so blinz-le ich lä-chelnd ihn an, _____

264

268

da kommt ein jun-ger Graf in's Haus, ah, _____

_____ der geht auf mei - ne Tu - gend aus, ah! _____

_____ Zwei Akt' hin-durch geb' ich nicht nach, doch ach, im drit - ten werd' ich schwach; da öff-net

plötz - lich sich die Tür. O ___ weh, mein ___ Mann! Was ___ wird aus mir! Ah! _____

Poor wand'ring one

from

THE PIRATES OF PENZANCE

Arthur Sullivan

love _ as mine _ can help thee find True peace of mind, Why take _ it,

it ___ is thine!

Take heart,

fair days will shine; _ Take a - ny heart, take mine!

Take heart, fair days will shine; Take a - ny heart, take

mine! Ah _____ Ah _____ Ah

_____ Ah _____

273

Les oiseaux dans la charmille
(Doll Song)
from
LES CONTES D'HOFFMANN

Jacques Offenbach

fil - le, tout parle à la jeu - ne fil - le d'a-

mour! Ah!

suivez

278

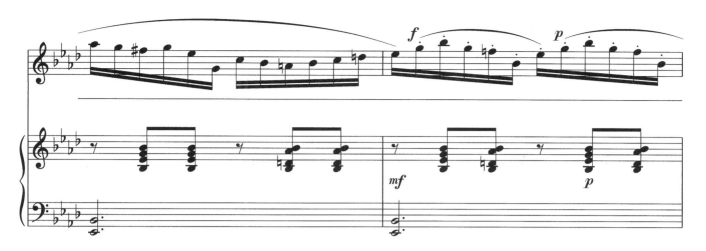

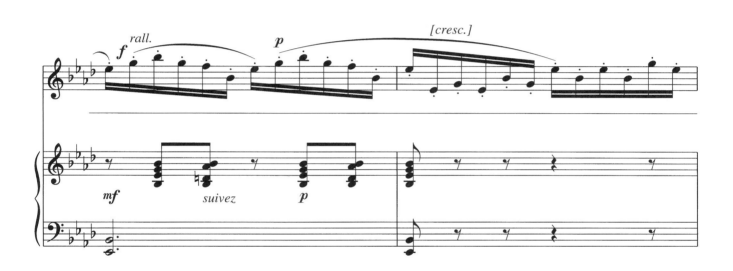

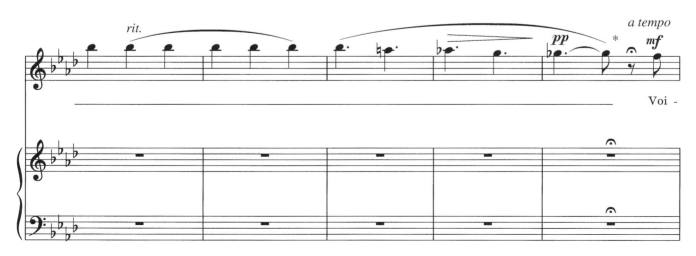

*Traditionally, in the fermata, after Olympia's voice weakens, descends, and then stops,
  she is mechanically wound up again.

280

282

pi - re tour à tour,

é - meut son cœur, qui fris -

son - ne, é - meut son cœur, qui fris - son - ne d'a-

mour! Ah!

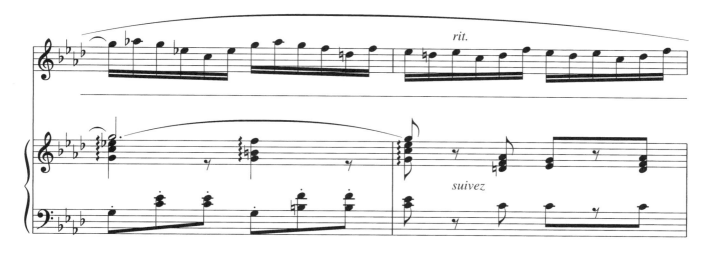

284

286

Ah! Où va la jeune indoue
(Bell Song)
from
LAKMÉ

Léo Delibes

Andante *(presque en récitatif)*

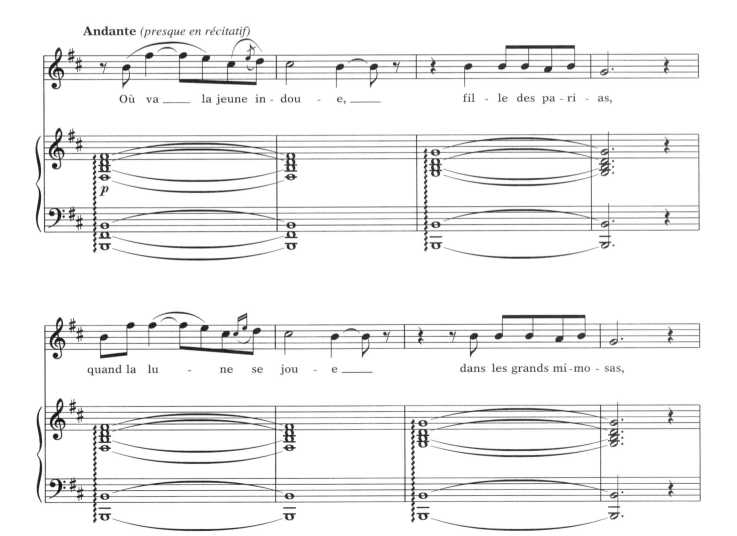

Où va ___ la jeune in - dou - e, ___ fil - le des pa - ri - as,

quand la lu - ne se jou - e ___ dans les grands mi - mo - sas,

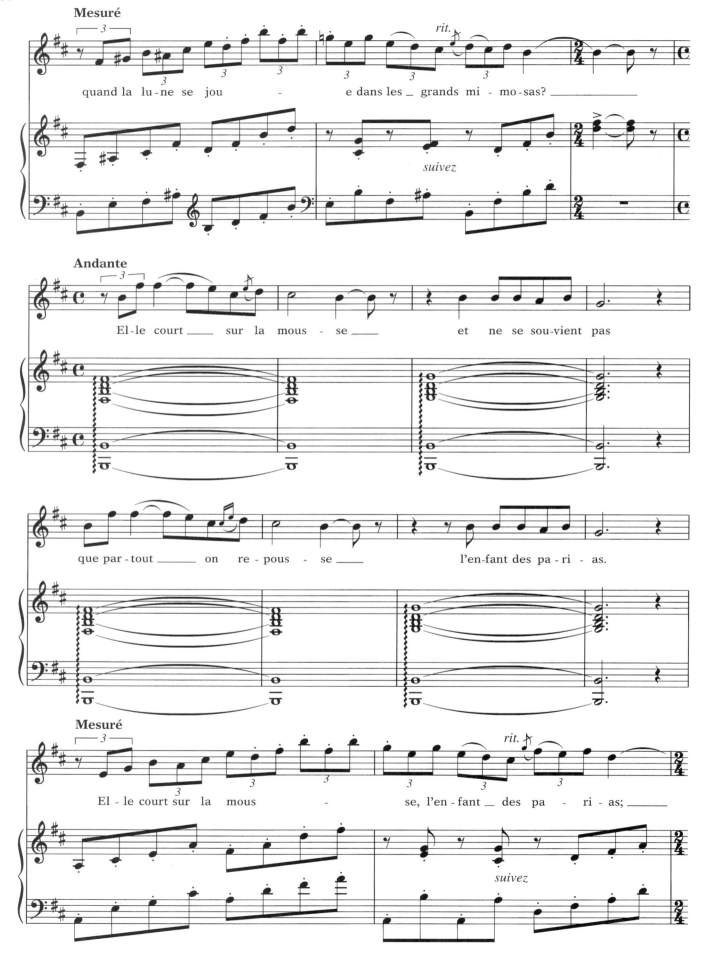

Mesuré

quand la lu-ne se jou — e dans les _ grands mi - mo-sas? _____

suivez

Andante

El-le court ____ sur la mous - se ____ et ne se sou-vient pas

que par-tout _____ on re-pous - se ____ l'en-fant des pa - ri - as.

Mesuré

El - le court sur la mous - se, l'en-fant _ des pa - ri - as; _____

suivez

292

293

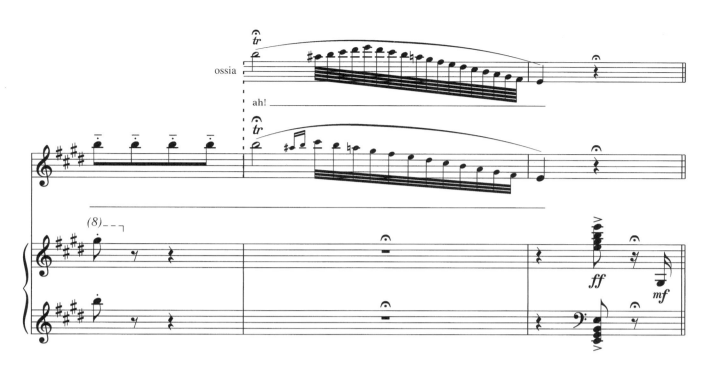

[Allegro Moderato]

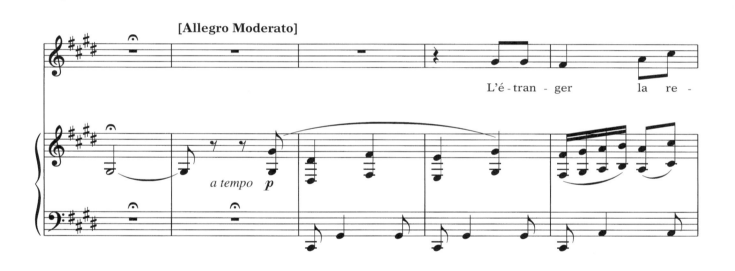

L'é - tran - ger la re -

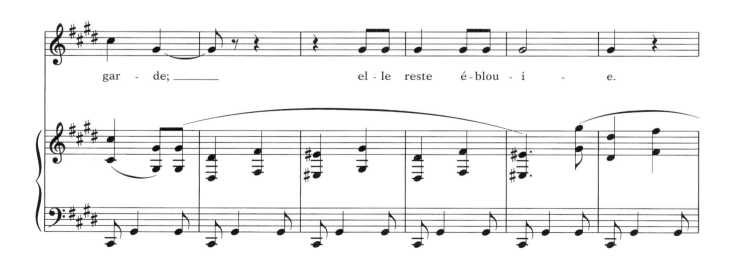

gar - de; _____ el - le reste é - blou - i - e.

296

298

guet - te où tin - te la clo - chet - te, où tin - te la clo -

rall. **Plus animé**

chet - te des char - meurs. _____

8va

p

pp

Ah! _____

(8)

8va

Ah! _____

(8)

8va

299

300

Otvet' mne, zorkoe svetilo
(Hymn to the Sun)
from
ZOLOTOJ PETUSHOK (The Golden Cockerel)

Nikolai Rimsky-Korsakov

303

304

сон? _____ Всё так же ль до - рог гость ___ слу -
son? _____ Vsë tak zhe l' do - rog gost' __ slu -

чай - ный? Е - му го - то - вы и __ да -
chaj - nyj? E - mu go - to - vy i __ da -

ры, _____ И скром - ный пир, _____
ry _____ I skrom - nyj pir, _____

и взгляд по - тай - - - -
i vzgljad po - taj - - - -

306

308

Großmächtige Prinzessin...
Noch glaub' ich dem einen ganz mich gehörend
from
ARIADNE AUF NAXOS

Richard Strauss

Moderato, stets streng im Zeitmaß ♩ = 84

ZERBINETTA: (with a deep bow to Ariadne)

Groß - mäch-ti-ge Prin-zes-sin, wer ver-stün-de nicht, daß so er-lauch-ter und er-ha -

- be-ner Per-so - nen Trau - rig-keit mit ei-nem an - de-ren Maas ge -

mes-sen wer-den muß, als der ge-mei - nen Sterb - li-chen.

310

Je-doch, sind wir nicht Frau-en un-ter uns, und schlägt denn nicht in

p

je - der Brust ein un - be-greif-lich, ein un - be-greif-lich

mf espr.

f

Herz? Von uns - rer Schwach - heit

dim.

p

spre - chen, sie uns sel - ber ein - ge-stehn,

espr.

312

auf Ih-rer eig - nen Gruft.

Sie wol-len kei-ne an -

- de-re Ver-trau - te als die-sen Fels _____ und die-se Wel-

Lebhafter

- len _ ha-ben? Prin-zes-sin, hö-ren Sie mich an— nicht Sie al-

lein, wir al - le ach, wir al - le was ihr Herz er-starrt... wer ist die

poco ritard.

Frau, _____ die es nicht durch - ge - lit - ten hät - te?

poco rit.

Ziemlich rasch

Ver - las - sen! in Ver - zweif - lung! aus -

- ge-setzt! Ach, _____ sol - cher

wü - sten In - seln sind un - zäh - li - ge auch mit-ten un-ter

314

316

317

tö - rend schon ___ ei - ner nie ge -
ko - ste-ten Frei - heit, schon ei - ner neu - en ver -
stoh - le-nen Lie - be schwei - fen-des, fre-ches Ge -
füh - le sich ein. Noch bin ich wahr und doch ist es ge -

318

lo - gen,　　　　　　　　ich

hal - te mich treu und bin schon schlecht, ___

8va

mit fal - schen Ge -

wich - ten wird al - les ge - wo - gen und

sein, da mischt sich im Her - zen lei - se be - tö - rend

schon ei - ner neu - en ver - stoh - le - nen Lie - be...

(plötzlich abbrechend)

Allegro scherzando

So war _____ es mit Pa - gliaz - zo und Mez - ze -

tin! Dann war es Ca - vic - chio dann Bu - rat - tin, dann Pas - qua -

riel - lo! Ach und zu - wei - len will es mir

schei - nen, wa - ren es zwei! ___ Doch nie - mals Lau -

- nen, im - mer ein

Müs - - - sen, im - mer ein

neu - es be - klom - me - nes Stau - - -

- - - nen: daß ein Herz so -

gar sich sel - - ber nicht ver-steht,

324

RONDO
Allegro ♩ = 54

Als ein Gott kam Je - der ge - gan - gen und sein

Schritt schon mach - te mich stumm,

küß - te er mir Stirn und Wan - gen, war ich von dem Gott ___ ge -

fan - gen und ge - wan - delt ___ um ___ und um.

Als ein Gott kam Je - der ge - gan - gen, Je - der ___ wan - - - del - te ___ mich um, küß - te er mir Mund und Wan - gen, hin - ge - ge -

326

328

Hello! Oh, Margaret, it's you

from
THE TELEPHONE

Gian Carlo Menotti

334

335

336

(she breaks into long
hysterical laughter.)

338

Ah! _____

Ah! _____

That's the fun-niest thing I ev-er heard!

And how are

Meno mosso

you, and Bets, and Bob, and Sa - ra, and Sam? You must tell them that I

send them my love. And how is the pus-sy-cat, how is the dog?

340

Vocalise
from
THE TEMPEST

Lee Hoiby

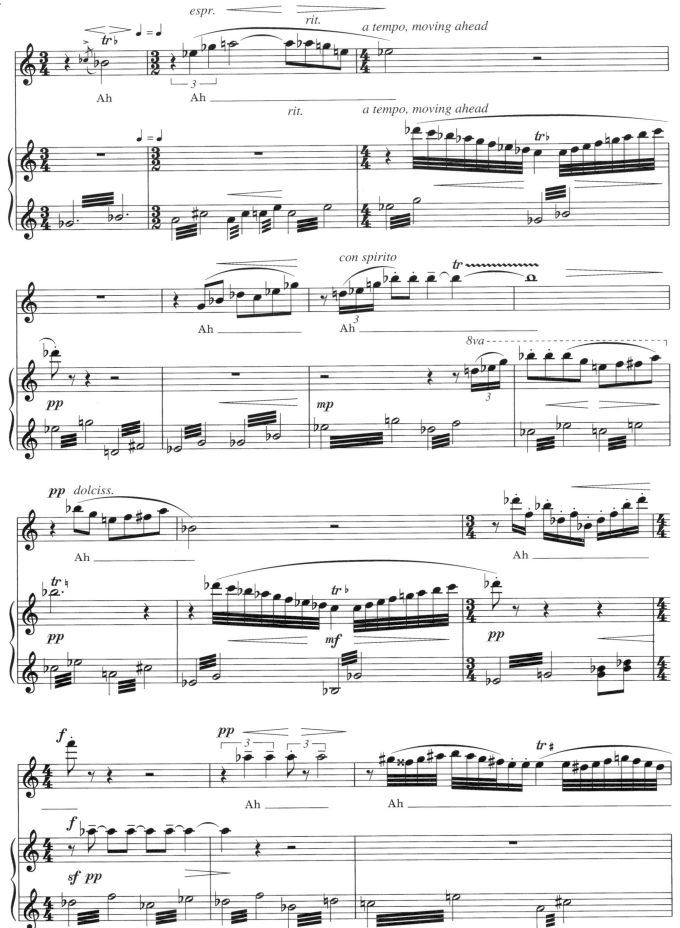

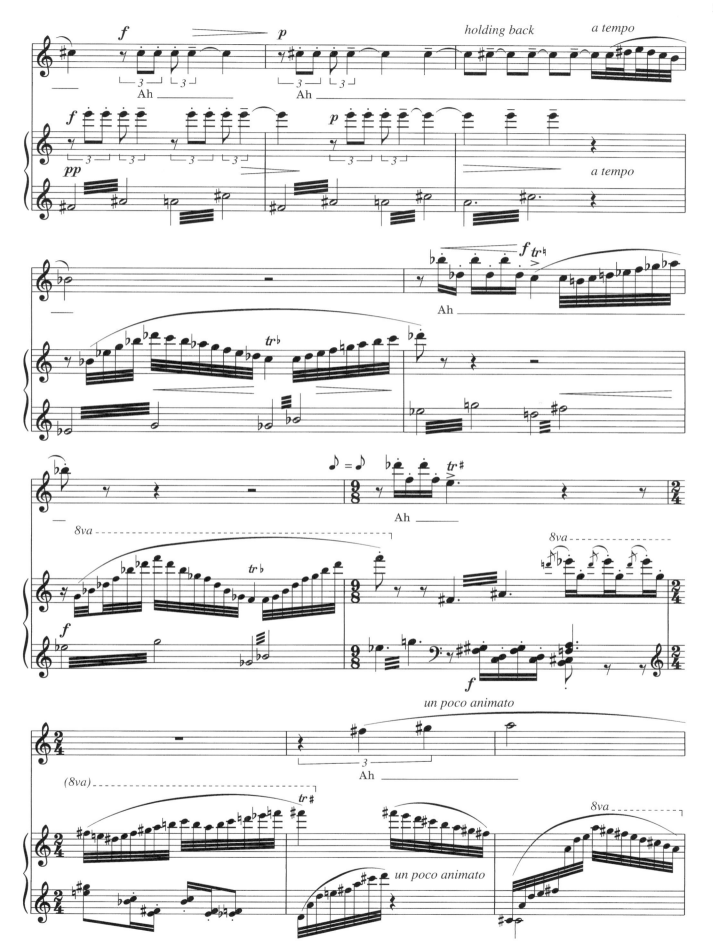

344

G. SCHIRMER OPERA ANTHOLOGY

DICTION COACH
COLORATURA ARIAS FOR
SOPRANO

International Phonetic Alphabet and Diction Lessons
Recorded by a Professional, Native Speaker Coach

Diction Recordings

Corradina Caporello, Italian
Kathryn LaBouff, English
Gina Levinson, Russian
Irene Spiegelman, German
Pierre Vallet, French

International Phonetic Alphabet

Martha Gerhart, Italian and French
David Ivanov, Russian
Kathryn LaBouff, English
Irene Spiegelman, German

PREFACE

What a wonderful opportunity for singers these volumes represent. The diction coaches recorded on the companion CDs are from the staffs of the Metropolitan Opera and The Juilliard School, whose specialty is working with singers. I personally have had the opportunity to study Italian with Ms. Caporello and have experienced the sheer delight of learning operatic texts with a linguist who is devoted to the art of singing.

There are two versions of the text recorded for each aria.

1. Recitation

The coach speaks the text of the aria as an actor would speak it, using spoken diction and capturing the mood. The guttural "R" is pronounced as in speech in French and German. Even in these free recitations, these experienced coaches are obviously informed as to how the text relates to the musical setting.

2. Diction Lessons

Dividing the text of the aria into short phrases, the coach speaks a line at a time very slowly and deliberately, without interpretation, making each word sound distinct. Time is allowed for the repetition of each phrase. In this slow version the French and German coaches adapt the guttural "R" in a manner appropriate for opera singers. The coaches in all languages make small adjustments recommended for singers in these slowly enunciated diction lessons, including elisions and liaisons between word sounds as related to the sung phrase.

There is not one universally used approach to International Phonetic Alphabet. The article before each language should be studied carefully for comprehension of the specific approach to IPA for each language in this edition.

The diction recordings can be used in many ways but a highly recommended plan is this. After carefully working regularly with the recorded diction lesson and the related IPA over several days, one should be able to reach fluency in the aria text. As an exercise separate from singing the aria, the singer should then speak the text freely, as in the diction coach's recitation. The singer likely will be inspired by the recitations recorded by the diction coaches, but after pronunciation is mastered might even begin to discover informed and individual interpretations in reciting the aria text.

By paying attention to the libretto of an aria, or an entire role, apart from the music, the opera singer can begin to understand character and interpretation in a way that would not be possible if the text is only considered by singing it. Just as an actor explores a script and a character from various historical, intellectual and emotional angles, so must the opera singer. Understanding the stated and unstated meanings of the text is fundamental in becoming a convincing actor on the opera stage, or on the opera audition stage. But the opera singer is only half done. After a thorough exploration of the words, one must discover how the composer interpreted the text and how best to express that interpretation. In great music for the opera stage, that exploration can be a fascinating lifetime journey.

Robert L. Larsen
June, 2008

ARIA TEXTS
CONTENTS

348

DICTION COACH
CD TRACK LIST
DISC ONE

	Recitation	Diction Lesson

Arias in Italian

350   About Italian IPA

ALCINA
351   Tornami a vagheggiar   1   2

UN BALLO IN MASCHERA
351   Volta la terrea   3   4

IL BARBIERE DI SIVIGLIA
352   Una voce poco fa   5   6

DON PASQUALE
354   Quel guardo il cavaliere…
So anch'io la virtù magica   7   8

LINDA DI CHAMOUNIX
357   Ah, tardai troppo… O luce di quest'anima   9   10

LUCIA DI LAMMERMOOR
359   Regnava nel silenzio   11   12
361   Il dolce suono… Spargi d'amaro pianto (Mad Scene)   13   14

I PURITANI
363   O rendetemi la speme… Qui la voce   15   16

LA SONNAMBULA
365   Care compagne… Come per me sereno   17   18
367   Ah! non credea… Ah! non giunge   19   20

DISC TWO

Arias in French

369   About French IPA

LES CONTES D'HOFFMANN
371   Les oiseaux dans la charmille (Doll Song)   1   2

LES DEUX AVARES
372   Plus de dépit, plus de tristesse   3   4

DINORAH
373   Ombre légère (Shadow Song)   5   6

LA FILLE DU RÉGIMENT
376   Chacun le sait   7   8

HAMLET
377   À vos jeux, mes amis… Partagez-vous mes fleurs! (Ophelia's Mad Scene)   9   10

DICTION COACH
CD TRACK LIST
DISC TWO (cont.)

		Recitation	Diction Lesson
381	LAKMÉ Ah! Où va la jeune indoue (Bell Song)	11	12
384	MANON LESCAUT C'est l'histoire amoureuse (Laughing Song)	13	14
388	MIGNON Je suis Titania	15	16

DISC THREE

Arias in German

		Recitation	Diction Lesson
391	About German IPA		
394	ARIADNE AUF NAXOS Großmächtige Prinzessin… Noch glaub' ich dem einen ganz mich gehörend	1	2
398	DIE ENTFÜHRUNG AUS DEM SERAIL Durch Zärtlichkeit und Schmeicheln	3	4
399	DIE FLEDERMAUS Mein Herr Marquis	5	6
401	Spiel' ich die Unschuld vom Lande	7	8
404	MARTHA Den Teuren zu versöhnen	9	10
406	DER SCHAUSPIELDIREKTOR Da schlägt die Abschiedsstunde	11	12
407	DIE ZAUBERFLÖTE O zittre nicht, mein lieber Sohn	13	14
408	Der Hölle Rache	15	16

Arias in English

		Recitation	Diction Lesson
410	About English IPA		
413	THE PIRATES OF PENZANCE Poor wand'ring one	17	18
414	THE TELEPHONE Hello! Oh, Margaret, it's you	19	20

Aria in Russian

		Recitation	Diction Lesson
417	About Russian IPA		
418	ZOLOTOJ PETUSHOK (The Golden Cockerel) Otvet' mne, zorkoe svetilo (Hymn to the Sun)	21	22

ABOUT THE ITALIAN IPA TRANSLITERATIONS
by Martha Gerhart

While the IPA is currently the diction learning tool of choice for singers not familiar with the foreign languages in which they sing, differences in transliterations exist in diction manuals and on the internet, just as differences of pronunciation exist in the Italian language itself.

The Italian transliterations in this volume reflect the following choices:

All unstressed "e's" and "o's" are *closed*. This choice is based on the highest form of the spoken language, as in the authoritative Italian dictionary edited by Zingarelli. However, in practice, singers may well make individual choices as to *closed* or *open* depending upon the vocal tessitura and technical priorities.

Also, there are many Italian words (such as "sento," "cielo," and etc.) for which, in practice, both *closed* and *open* vowels in the *stressed* syllable are perfectly acceptable.

The "nasal 'm'" symbol [ɱ], indicating that the letter "n" assimilates before a "v" or an "f" (such as "inferno" becoming [im ˈfɛr no] in execution, is not used in these transliterations. This choice was a practical one to avoid confusion on the part of the student who might wonder why "in" is transcribed as if it were "im," unlike in any dictionary. However, students are encouraged to use the [ɱ] as advised by experts.

Double consonants which result, in execution, from *phrasal doubling* (*raddoppiamento sintattico*) are not transliterated as such; but students should utilize this sophistication of Italian lyric diction as appropriate.

The syllabic divisions in these transliterations are in the interest of encouraging the singer to lengthen the vowel before a single consonant rather than making an incorrect double consonant, and also to encourage the singer, when there are two consonants, the first of which is *l, m, n,* or *r,* to give more strength to the first of those two consonants.

Intervocalic "s's" are transliterated as *voiced*, despite the fact that in many words ("casa," "così," etc.) the "s" is *unvoiced* in the language (and in the above-mentioned dictionary). Preferred practice for singers is to *voice* those "s's" in the interest of legato; yet, an unvoiced "s" pronunciation in those cases is not incorrect. (*Note*: words which combine a prefix and a stem beginning with an unvoiced "s" ["risolvi," "risanare," etc.] retain the unvoiced "s" of the prefix in singing as well as in speech.)

Many Italian words have alternate pronunciations given in the best dictionaries, particularly regarding closed or open vowels. In my IPA transliterations I chose the first given pronunciation, which is not always the preferred pronunciation in common Italian usage as spoken by Corradina Caporello on the accompanying CDs. I defer to my respected colleague in all cases for her expert pronunciation of beautiful Italian diction.

Pronunciation Key

IPA Symbol	Approximate sound in English	IPA Symbol	Approximate sound in English
[i]	f<u>ee</u>t	[s]	<u>s</u>et
[e]	pot<u>a</u>to	[z]	<u>z</u>ip
[ɛ]	b<u>e</u>d	[l]	<u>l</u>ip
[a]	f<u>a</u>ther	[ʎ]	mi<u>lli</u>on
[ɔ]	t<u>au</u>t		
[o]	t<u>o</u>te	[ɾ]	as *British* "very" – flipped "r"
[u]	t<u>u</u>be	[r]	no English equivalent – rolled "r"
[j]	<u>Y</u>ale		
[w]	<u>w</u>atch	[n]	<u>n</u>ame
		[m]	<u>m</u>op
[b]	<u>b</u>eg	[ŋ]	a<u>n</u>chor
[p]	<u>p</u>et	[ɲ]	o<u>ni</u>on
[d]	<u>d</u>eep	[tʃ]	<u>ch</u>eese
[t]	<u>t</u>op	[dʒ]	<u>G</u>eorge
[g]	<u>G</u>ordon	[dz]	fee<u>ds</u>
[k]	<u>k</u>it	[ts]	fi<u>ts</u>
[v]	<u>v</u>et		
[f]	<u>f</u>it	[:]	indicates doubled consonants
[ʃ]	<u>sh</u>e	[ˈ]	indicates the primary stress; the syllable following the mark is stressed

ALCINA
music: George Frideric Handel
libretto: Antonio Marchi (adapted from Fanzaglia's libretto *L'Isola di Alcina*, based on Ariosto's poem *Orlando Furioso*)

Tornami a vagheggiar

'tor na mi   a   va ɡed: 'dʒar
Tornami   a   vagheggiar,
return to me   to   [to] cherish

te   'so lo   vwɔl   a 'mar   kwe 'sta ni ma   fe 'del
te   solo   vuol   amar   quest'anima   fedel,
you   alone   wants   to love   this soul   faithful

'ka ɾo   'mi o   'bɛ ne   'ka ɾo
caro   mio   bene,   caro!
dear   my   dear one   dear

dʒa   ti   do 'na i   il   'mi o   kɔr
Già   ti   donai   il   mio   cor:
already   to you   I gave   the   my   heart

'fi do   sa 'ral   'mi o   a 'mor
fido   sarà'l   mio   amor;
loyal   will be the   my   love

'ma i   ti   sa 'rɔ   kru 'dɛl   'ka ɾa   'mi a   'spe ne
mai   ti   sarò   crudel,   cara   mia   spene.
never   to you   I will be   cruel   dear   my   hope

UN BALLO IN MASCHERA
music: Giuseppe Verdi
libretto: Antonio Somma (after Eugène Scribe's libretto for Daniel-François Auber's *Gustave III, ou Le Bal Masqué*)

Volta la terrea

'vɔl ta   la   'tɛr: re a   'fron te   'al: le   'stel: le
Volta   la   terrea   fronte   alle   stelle
turned   the   wan   brow   to the   stars

'ko me   sfa 'vil: la   la   'su a   pu 'pil: la
come   sfavilla   la   sua   pupilla,
how   sparkles   the   her   eye

'kwan do   'al: le   'bɛl: le
quando   alle   belle
when   to the   beautiful women

il   fin   pre 'di tʃe
il   fin   predice
the   end   she predicts

'mɛ sto   o   fe 'li tʃe   'de i   'lo ɾo   a 'mor
mesto   o   felice   dei   loro   amor!
sad   or   happy   of the   their   love

ɛ   kon   lu 'tʃi fe ɾo   dak: 'kɔr do   oɲ: 'ɲor
È   con   Lucifero   d'accordo   ognor,
she is   with   Lucifer   in agreement   always

352

a   si
Ah,   sì!
ah   yes

ki   la   pro 'fɛ ti ka   'su a   'gon: na   af: 'fɛr: ra
Chi   la   profetica   sua   gonna   afferra,
whoever the   prophetical   her   skirt   grasps

o   'pas: sil   'ma ɾe   'vo li   'al: la   'gwɛr: ra
o   passi'l   mare,   voli   alla   guerra,
whether he cross the   sea   he rush   to the   war

le   'su e   vi 'tʃɛn de   so 'a vi   a 'ma ɾe
le   sue   vicende   soavi,   amare
the   his   vicissitudes   sweet   bitter

da   'kwe sta   ap: 'prɛn de
da   questa   apprende
from   this one   learns

nel   'dub: bjo   kɔr
nel   dubbio   cor!
in the   dubious   heart

IL BARBIERE DI SIVIGLIA
music: Gioachino Rossini
libretto: Cesare Sterbini (after *Le Barbier de Séville*, a comedy by Pierre Augustin Caron de Beaumarchais)

Una voce poco fa

'u na   'vo tʃe   'pɔ ko fa
Una   voce   poco fa
a   voice   a little while ago

kwi   nel   kɔr   mi   ri swo 'nɔ
qui   nel   cor   mi   risuonò;
here   in the heart   to me   resounded

il   'mi o   kɔr   fe 'ɾi to   ɛ   dʒa
il   mio   cor   ferito   è   già,
the   my   heart   wounded   is   now

e   lin 'dɔr   fu   ke   il   pja 'gɔ
e   Lindor   fu   che   il   piagò.
and   Lindor   was   who   it   covered with wounds

si   lin 'dɔ ɾo   'mi o   sa 'ɾa
Sì,   Lindoro   mio   sarà,
yes   Lindoro   mine   will be

lo   dʒu 'ra i   la   vin tʃe 'rɔ
lo   giurai,   la   vincerò.
it   I swore   it   I shall win

il   tu 'tor   ri ku ze 'ra
Il   tutor   ricuserà,
the   guardian   will refuse

'i o   lin 'dʒeɲ: ɲo   a gut: tse 'rɔ
io   l'ingegno   aguzzerò;
I   the wit   [I] will sharpen

353

'al: la fin sak: ke te 'ɾa
alla fin s'accheterà,
in the end he will calm down

e kon 'ten ta 'i o re ste 'ɾɔ
e contenta io resterò.
and content I [I] will remain

'i o 'so no 'dɔ tʃi le
Io sono docile,
I [I] am docile

son ri spet: 'to za
son rispettosa,
I am respectful

'so no ub: bi 'djɛn te
sono ubbidiente,
I am obedient

'dol tʃe a mo 'ɾo za
dolce, amorosa;
sweet affectionate

mi 'laʃ: ʃo 'ɾɛd: dʒe ɾe
mi lascio reggere,
me I allow to govern

mi fɔ ɡwi 'dar
mi fo guidar.
me I make to guide

ma se mi 'tok: ka no
Ma se mi toccano
but if me they touch

do 'vɛ il 'mi o 'de bo le
dove'è il mio debole,
where is the my weakness

sa 'ɾɔ 'u na 'vi pe ɾa
sarò una vipera,
I will be a viper

e 'tʃɛn to 'trap: po le
e cento trappole
and hundred tricks

'pri ma di 'tʃɛ de ɾe fa 'ɾɔ dʒo 'kar
prima di cedere farò giocar.
before of to yield I will make to play

DON PASQUALE

music: Gaetano Donizetti
libretto: Gaetano Donizetti and Giovanni Ruffini (after Angeli Anelli's libretto for Pavesi's *Ser Marc' Antonio*)

Quel guardo il cavaliere…So anch'io la virtù magica

kwel	'gwar do	il	ka va 'ljɛ ɾe		
Quel	**guardo**	**il**	**cavaliere**		
that	*glance*	*the*	*knight*		

in	'mɛd: dzo	al	kɔr	tra 'fis: se	
in	**mezzo**	**al**	**cor**	**trafisse;**	
in	*middle*	*of the*	*heart*	*pierced*	

pje 'gɔ	il	dʒi 'nɔk: kjo	e	'dis: se	
piegò	**il**	**ginocchio**	**e**	**disse:**	
he bent	*the*	*knee*	*and*	*said*	

son	'vɔ stro	ka va 'ljɛr			
Son	**vostro**	**cavalier.**			
I am	*your*	*knight*			

e	'tan to	'ɛ ɾa	iŋ	kwel	'gwar do
E	**tanto**	**era**	**in**	**quel**	**guardo**
and	*so much*	*was*	*in*	*that*	*glance*

sa 'por	di	pa ɾa 'di zo			
sapor	**di**	**paradiso**			
taste	*of*	*paradise*			

ke	il	ka va 'ljɛr	rik: 'kar do		
che	**il**	**cavalier**	**Riccardo,**		
that	*the*	*knight*	*Riccardo*		

'tut: to	da 'mor	kon 'kwi zo			
tutto	**d'amor**	**conquiso,**			
completely	*by love*	*conquered*			

dʒu 'rɔ	ke	a 'dal tra	'ma i		
giurò	**che**	**ad altra**	**mai**		
swore	*that*	*to other*	*ever*		

non	vol dʒe 'ri a	il	pen 'sjɛr		
non	**volgeria**	**il**	**pensier.**		
not	*he would turn*	*the*	*thought*		

a	a	a	a		
Ah	**ah!**	**Ah**	**ah!**		
ha	*ha*	*ha*	*ha*		

sɔ	aŋ 'ki o	la	vir 'tu	'ma dʒi ka	
So	**anch'io**	**la**	**virtù**	**magica**	
I know	*also I*	*the*	*power*	*magical*	

dun	'gwar do	a	'tɛm po	e	'lɔ ko
d'un	**guardo**	**a**	**tempo**	**e**	**loco;**
of a	*glance*	*at*	*time*	*and*	*place*

sɔ	aŋ 'ki o	'ko me	si 'bru tʃa no		
so	**anch'io**	**come**	**si bruciano**		
I know	*also I*	*how*	*burn themselves*		

i	'kɔ ɾi	a	'lɛn to	'fɔ ko	
i	**cori**	**a**	**lento**	**foco.**	
the	*hearts*	*at*	*slow*	*fire*	

dun   'brɛ ve   sor: ri 'zet: to
D'un   breve   sorrisetto
of a   brief   little smile

ko 'no sko   aŋ 'ki o   lef: 'fɛt: to
conosco   anch'io   l'effetto,
I know   also I   the effect

di   men tsoɲ: 'ɲɛ ɾa   'la ɡri ma
di   menzognera   lagrima,
of   deceptive   tear

dun   'su bi to   laŋ 'gwor
d'un   subito   languor.
of a   sudden   languishing

ko 'no sko   i   'mil: le   'mɔ di
Conosco   i   mille   modi
I know   the   thousand   ways

del: la mo 'ro ze   'frɔ di
dell'amorose   frodi,
of the amorous   cheatings

i   'vet: tsi   e   'lar ti   'fa tʃi li
i   vezzi   e   l'arti   facili
the   charms   and   the skills   easy

per   a de 'ska ɾe   uŋ   kɔr
per   adescare   un   cor.
for   to lure   a   heart

sɔ   aŋ 'ki o   la   vir 'tu   'ma dʒi ka
So   anch'io   la   virtù   magica
I know   also I   the   power   magical

per   in spi 'ɾa ɾe   a 'mor
per   inspirare   amor;
for   to inspire   love

ko 'no sko   lef: 'fɛt: to   a   si
conoscо   l'effetto,   ah   sì,
I know   the effect   ah   yes

per   in spi 'ɾa ɾe   a 'mor
per   inspirare   amor.
for   to inspire   love

ɔ   'tɛ sta   bid: 'dzar: ra
Ho   testa   bizzarra,
I have   head   capricious

son   'pron ta   vi 'va tʃe
son   pronta,   vivace,
I am   quick   spirited

bril: 'la ɾe   mi   'pja tʃe
brillare   mi   piace,
to sparkle   to me   it is pleasing

mi   'pja tʃe   sker 'tsar
mi   piace   scherzar.
to me   it is pleasing   to joke

se   'mon to   in   fu 'ro ɾe
Se   monto   in   furore,
if   I rise   in   fury

di 'ra do   stɔ   al   'seɲ: ɲo
di rado   sto   al   segno,
rarely   I stay   at the   mark

ma   in   'ri zo   lo   'zdeɲ: ɲo
ma   in   riso   lo   sdegno
but   into   laughter   the   anger

fɔ   'prɛ sto   a   kan 'dʒar
fo   presto   a   cangiar.
I make   quickly   to   [to] change

ɔ   'tɛ sta   bid: 'dzar: ra
Ho   testa   bizzarra,
I have   head   capricious

ma   'kɔ ɾe   et: tʃel: 'lɛn te   a
ma   core   eccellente.   Ah!
but   heart   excellent   ah

ɔ   'tɛ sta   bid: 'dzar: ra
Ho   testa   bizzarra,
I have   head   capricious

son   'pron ta   e   vi 'va tʃe
son   pronta   e   vivace.
I am   quick   and   spirited

a   mi   'pja tʃe   sker 'tsar
Ah,   mi   piace   scherzar.
ah   to me   it is pleasing   to joke

ɔ   'tɛ sta   vi 'va tʃe
Ho   testa   vivace,
I have   head   spirited

mi   'pja tʃe   sker 'tsar
mi   piace   scherzar.
to me   it is pleasing   to joke

a   mi   'pja tʃe   sker 'tsar
Ah,   mi   piace   scherzar!
ah   to me   it is pleasing   to joke

LINDA DI CHAMOUNIX
music: Gaetano Donizetti
libretto: Gaetano Rossi (after *La Grâce de Dieu* by Gustave Lemoine and Adolphe-Philippe d'Ennery)

Ah, tardai troppo…O luce di quest'anima

a	tar 'da i	'trɔp: po
Ah,	**tardai**	**troppo,**
ah	*I delayed*	*too much*

e	al	'nɔ stro	fa vo 'ri to	kon 'veɲ: ɲo
e	**al**	**nostro**	**favorito**	**convegno**
and	*at the*	*our*	*favored*	*meeting place*

'i o	non	tro 'va i	il	'mi o	di 'lɛt: to	'kar lo
io	**non**	**trovai**	**il**	**mio**	**diletto**	**Carlo.**
I	*not*	*[I] found*	*the*	*my*	*beloved*	*Carlo*

e	ki	sa	'ma i	kwan 'teʎ: ʎi	a 'vra	sof: 'fɛr to
E	**chi**	**sa**	**mai**	**quant'egli**	**avrà**	**sofferto,**
and	*who*	*knows*	*ever*	*how much he*	*will have*	*suffered*

ma	non	al	par	di	me
ma	**non**	**al**	**par**	**di**	**me!**
but	*not*	*at the*	*equal*	*of*	*me*

'peɲ: ɲo	da 'mo re	'kwe sti	fjor	mi	laʃ: 'ʃɔ
Pegno	**d'amore**	**questi**	**fior**	**mi**	**lasciò!**
pledge	*of love*	*these*	*flowers*	*for me*	*he left*

'tɛ ne ro	'kɔ re	e	per	kwel	'kɔ re	'i o	'la mo
Tenero	**core!**	**E**	**per**	**quel**	**core**	**io**	**l'amo,**
tender	*heart*	*and*	*for*	*that*	*heart*	*I*	*him [I] love*

'u ni ko	di	'lu i	'bɛ ne
unico	**di**	**lui**	**bene.**
unique	*of*	*him*	*happiness*

'pɔ ve ri	en 'tram bi	'sja mo
Poveri	**entrambi**	**siamo;**
poor	*both*	*we are*

vi 'vjam	da 'mor	di	'spɛ me
viviam	**d'amor,**	**di**	**speme.**
we live	*on love*	*on*	*hope*

pit: 'to re	iɲ: 'ɲɔ to	aŋ 'ko ra
Pittore	**ignoto**	**ancora,**
painter	*unrecognized*	*yet*

'eʎ: ʎi	sin: nal tse 'ra	ko	'swɔ i	ta 'lɛn ti
egli	**s'innalzerà**	**co'**	**suoi**	**talenti!**
he	*will rise*	*with [the]*	*his*	*talents*

sa 'rɔ	'su a	'spɔ za	al: 'lo ra
Sarò	**sua**	**sposa**	**allora…**
I shall be	*his*	*wife*	*then*

o	'no i	kon 'tɛn ti
Oh	**noi**	**contenti!**
oh	*we*	*happy*

o   ˈlu tʃe   di   kwe ˈsta ni ma   de ˈlit: tsja   a ˈmo ɾe   e   ˈvi ta
O   luce   di   quest'anima,   delizia,   amore   e   vita,
oh   light   of   this soul   delight   love   and   life

la   ˈnɔ stra   ˈsɔr te   u ˈni ta   in   ˈtɛr: ra   in   tʃɛl   sa ˈɾa
la   nostra   sorte   unita   in   terra,   in   ciel   sarà.
the   our   destiny   united   on   earth   in   heaven   shall be

dɛ   ˈvjɛ ni   a   me
Deh   vieni   a   me,
pray   come   to   me

ri ˈpɔ za ti   su   ˈkwe sto   kɔr   ke   ˈta ma
riposati   su   questo   cor   che   t'ama,
rest yourself   upon   this   heart   which   you loves

ke   te   so ˈspi ɾa   e   ˈbra ma
che   te   sospira   e   brama,
which   for you   sighs   and   yearns

ke   per   te   sol   vi ˈvra
che   per   te   sol   vivrà...
which   for   you   alone   shall live

o   ˈlu tʃe   di   kwe ˈsta ni ma
O   luce   di   quest'anima,
o   light   of   this soul

a ˈmor   de ˈlit: tsja   e   ˈvi ta
amor,   delizia   e   vita,
love   delight   and   life

u ˈni ta   ˈnɔ stra   ˈsɔr te   in   ˈtɛr: ra   in   tʃɛl   sa ˈɾa
unita   nostra   sorte   in   terra,   in   ciel   sarà.
united   our   destiny   on   earth   in   heaven   shall be

ˈvjɛ ni   a
Vieni...   Ah!
come   ah

ˈvjɛ ni   al   ˈmi o   ˈkɔ ɾe   ke   te   so ˈspi ɾa
Vieni   al   mio   core   che   te   sospira,
come   to the   my   heart   which   for you   sighs

ke   per   te   ˈso lo   si   sol   vi ˈvra   per   te
che   per   te   solo,   sì,   sol   vivrà   per   te.
which   for   you   only   yes   only   will live   for   you

LUCIA DI LAMMERMOOR
music: Gaetano Donizetti
libretto: Salvatore Cammarano (after Sir Walter Scott's novel *The Bride of Lammermoor*)

Regnava nel silenzio

reɲː	ˈɲa va	nel	si ˈlɛn tsjo
Regnava		**nel**	**silenzio**
was reigning		*in the*	*silence*

ˈal ta	la	ˈnɔtː te	e	ˈbru na
alta	**la**	**notte**	**e**	**bruna…**
high	*the*	*night*	*and*	*dark*

kol ˈpi a	la	ˈfon te	un	ˈpalː li do
colpia	**la**	**fonte**	**un**	**pallido**
struck	*the*	*fountain*	*a*	*pale*

ˈradː dʒo	di	ˈtɛ tra	ˈlu na
raggio	**di**	**tetra**	**luna…**
ray	*of*	*gloomy*	*moon*

ˈkwan do	un	somː ˈmesː so	ˈdʒɛ mi to
quando	**un**	**sommesso**	**gemito**
when	*a*	*soft*	*moan*

fra	ˈla u ɾe	u ˈdir	si fe
fra	**l'aure**	**udir**	**si fè**
among	*the breezes*	*to hear*	*itself made*

e ˈdɛkː ko	ˈɛkː ko	su	kwel	ˈmar dʒi ne
ed ecco,	**ecco**	**su**	**quel**	**margine**
and here	*here*	*on*	*that*	*edge*

ˈlom bra	mo ˈstrar si	a	me	a
l'ombra	**mostrarsi**	**a**	**me,**	**ah!**
the ghost	*showed itself*	*to*	*me*	*ah*

kwal	di	ki	ˈpar la
Qual	**di**	**chi**	**parla,**
like	*of*	*one who*	*speaks*

ˈmwɔ ver si	il	ˈlabː bro	ˈsu o	ve ˈde a
muoversi	**il**	**labbro**	**suo**	**vedea,**
to move	*the*	*lip*	*its*	*I saw*

e	kon	la	ˈma no	e ˈza ni me
e	**con**	**la**	**mano**	**esanime**
and	*with*	*the*	*hand*	*lifeless*

kja ˈmar mi	a	se	pa ˈɾe a
chiamarmi	**a**	**sé**	**parea;**
to call me	*to*	*itself*	*it seemed*

ˈstɛtː te	un	mo ˈmen to	imː ˈmɔ bi le
stette	**un**	**momento**	**immobile,**
it stayed	*a*	*moment*	*immobile*

ˈpɔ i	ˈratː ta	di le ˈgwɔ
poi	**ratta**	**dileguò,**
then	*swiftly*	*disappeared*

e	ˈlon da	ˈpri a	si	ˈlim pi da
e	**l'onda**	**pria**	**sì**	**limpida,**
and	*the water*	*formerly*	*so*	*clear*

di   'saŋ gwe   ros: sed: 'dʒɔ
di   **sangue**   **rosseggiò,**
with   *blood*   *reddened*

si   'pri a   si   'lim pi da
sì,   **pria**   **sì**   **limpida,**
yes   *formerly*   *so*   *clear*

'a i   ros: sed: 'dʒɔ
ahi!   **rosseggiò.**
alas   *it reddened*

'eʎ: ʎi   ε   'lu tʃe   a   'dʒor ni   'mjε i
Egli   **è**   **luce**   **a**   **giorni**   **miei,**
he   *is*   *light*   *to*   *days*   *mine*

ε   kon 'fɔr to   al   'mi o   pe 'nar
è   **conforto**   **al**   **mio**   **penar.**
is   *comfort*   *to the*   *my*   *suffering*

'kwan do   ra 'pi to   in   'ε ta zi
Quando   **rapito**   **in**   **estasi**
when   *carried away*   *in*   *ecstasy*

del   pju   ko 'tʃεn te   ar 'do ɾe
del   **più**   **cocente**   **ardore,**
of the   *most*   *burning*   *ardor*

kol   fa vel: 'lar   del   'kɔ ɾe
col   **favellar**   **del**   **core**
with the   *speaking*   *of the*   *heart*

mi   'dʒu ɾa   e 'tεr na   fe
mi   **giura**   **eterna**   **fè,**
to me   *he swears*   *eternal*   *faith*

ʎi   af: 'fan: ni   'mjε i   di 'men ti ko
gli   **affanni**   **miei**   **dimentico;**
the   *troubles*   *mine*   *I forget*

'dʒɔ ja   di 'vjε ne   il   'pjan to
gioia   **diviene**   **il**   **pianto.**
joy   *becomes*   *the*   *weeping*

'par mi   ke   a   'lu i   dak: 'kan to
Parmi   **che**   **a**   **lui**   **d'accanto**
it seems to me   *that*   *at*   *him*   *beside*

si 'skju da   il   tʃεl   per   me
si schiuda   **il**   **ciel**   **per**   **me.**
opens up   *the*   *heaven*   *for*   *me*

a
Ah!
ah

a   'lu i   dak: 'kan to
A   **lui**   **d'accanto**
at   *him*   *beside*

si 'skju da   il   tʃεl   per   me   a
si schiuda   **il**   **ciel**   **per**   **me,**   **ah!**
opens up   *the*   *heaven*   *for*   *me*   *ah*

si a 'lu i dak: 'kan to
Sì, a lui d'accanto
yes at him beside

par si 'skju da il tʃɛl per me
par si schiuda il ciel per me.
it seems opens up the heaven for me

Il dolce suono…Spargi d'amaro pianto
(Mad Scene)

il 'dol tʃe 'swɔ no mi kol 'pi di 'su a 'vo tʃe
Il dolce suono mi colpì di sua voce.
the sweet sound me struck of his voice

a 'kwel: la 'vo tʃe mɛ kwi nel kɔr di 'ʃe za
Ah, quella voce m'è qui nel cor discesa.
ah that voice to me is here into the heart descended

ed 'gar do 'i o ti son 're za
Edgardo, io ti son resa,
Edgardo I to you [I] am returned

ed 'gar do a ed 'gar do 'mi o si ti son 're za
Edgardo, ah Edgardo mio, sì, ti son resa:
Edgardo ah Edgardo mine yes to you I am returned

fud: 'dʒi ta 'i o son da 'twɔ i ne 'mi tʃi
fuggita io son da tuoi nemici.
escaped I [I] am from your enemies

un 'dʒɛ lo mi ser 'ped: dʒa nel sen
Un gelo mi serpeggia nel sen!
a chill in me winds into the breast

'tre ma 'oɲ: ɲi 'fi bra va 'tʃil: la il pjɛ
Trema ogni fibra, vacilla il piè!
trembles every fiber staggers the foot

'prɛs: so la 'fon te 'me ko tas: 'si di al 'kwan to
Presso la fonte meco t'assidi alquanto,
near the fountain me with seat yourself for a while

si 'prɛs: so la 'fon te 'me ko tas: 'si di
sì, presso la fonte meco t'assidi!
yes near the fountain me with seat yourself

o i 'mɛ 'sor dʒe il tre 'mɛn do fan 'ta zma
Ohimè! sorge il tremendo fantasma
alas rises up the dreadful phantom

e ne se 'pa ɾa
e ne separa!
and us separates

ed 'gar do a il fan 'ta zma ne se 'pa ɾa
Edgardo! ah! Il fantasma ne separa!
Edgardo ah the phantom us separates

kwi ri ko 'vrja mo ed 'gar do
Qui ricovriamo, Edgardo,
here let us take cover Edgardo

a   pjɛ   delːˈla ɾa
a   piè   dell'ara.
at   foot   of the altar

ˈspar sa   ɛ   di   ˈrɔ ze
Sparsa   è   di   rose!
strewn   it is   with   roses

u nar mo ˈni a   tʃe ˈlɛ ste   di   non   a ˈskol ti
Un'armonia   celeste,   di',   non   ascolti?
a harmony   celestial   say   not   you hear

a   ˈlinː no   ˈswɔ na   di   ˈnɔtː tse
Ah!   l'inno   suona   di   nozze!
ah   the hymn   sounds   of   marriage

a   ˈlinː no   di   ˈnɔtː tse
Ah!   l'inno   di   nozze!
ah   the hymn   of   marriage

il   ˈri to   per   ˈno i   sapː ˈprɛ sta
Il   rito   per   noi   s'appresta!
the   rite   for   us   is being prepared

o   me   fe ˈli tʃe   ed ˈgar do
Oh   me   felice!   Edgardo!
oh   me   happy   Edgardo

o   ˈdʒɔ ja   ke   si ˈsɛn te   e   non   si ˈdi tʃe
Oh   gioia   che   si sente   e   non   si dice!
oh   joy   which   is felt   and   not   is said

ˈar don   ʎin ˈtʃɛn si
Ardon   gl'incensi,
are burning   the incenses

ˈsplen don   le   ˈsa kre   ˈfa tʃi
splendon   le   sacre   faci,
are shining   the   sacred   torches

ˈsplen don   in ˈtor no
splendon   intorno.
they are shining   all around

ˈɛkː ko   il   mi ˈni stro   ˈpɔr dʒi mi   la   ˈdɛ stra
Ecco   il   ministro!   porgimi   la   destra!
here is   the   minister   give me   the   right hand

o   ˈljɛ to   ˈdʒor no
Oh   lieto   giorno!
oh   happy   day

al ˈfin   son   ˈtu a   al ˈfin   ˈsɛ i   ˈmi o
Alfin   son   tua,   alfin   sei   mio,
at last   I am   yours   at last   you are   mine

a   me   ti   ˈdo na   un   ˈdi o
a   me   ti   dona   un   Dio.
to   me   you   gives   a   God

ˈoɲː ɲi   pja ˈtʃer   pju   ˈgra to   si
Ogni   piacer   più   grato,   sì,
every   pleasure   most   welcomed   yes

mi   'fi a   kon te   di 'vi zo   kon te
mi   **fia**   **con te**   **diviso,**   **con te!**
[by] me   *will be*   *with you*   *shared*   *with you*

del   tʃɛl   kle 'mɛn te   un   'ri zo
Del   **ciel**   **clemente**   **un**   **riso**
from the   *heaven*   *merciful*   *a*   *smile*

la   'vi ta   a   'no i   sa 'ra
la   **vita**   **a**   **noi**   **sarà!**
the   *life*   *to*   *us*   *will be*

'spar dʒi   da 'ma ɾo   'pjan to
Spargi   **d'amaro**   **pianto**
sprinkle   *with bitter*   *tears*

il   'mi o   ter: 'rɛ stre   've lo
il   **mio**   **terrestre**   **velo,**
the   *my*   *earthly*   *veil*

'men tre   las: 'su   nel   'tʃe lo   'i o   pre ge 'ɾɔ   per te
mentre   **lassù**   **nel**   **cielo**   **io**   **pregherò**   **per te.**
while   *above*   *in the*   *heaven*   *I*   *[I] will pray*   *for you*

al   'dʒun dʒer   'tu o   sol 'tan to
Al   **giunger**   **tuo**   **soltanto**
at the   *joining*   *you*   *only*

'fi a   'bɛl: lo   il   tʃɛl   per me   a   si   per me
fia   **bello**   **il**   **ciel**   **per me!**   **ah**   **sì,**   **per me.**
will be   *beautiful*   *the*   *heaven*   *for me*   *ah*   *yes*   *for me*

a
Ah!
ah

I PURITANI

music: Vincenzo Bellini
libretto: Count Carlo Pepoli (after *Têtes Rondes et Cavaliers*, a play by Jacques-Arsène Ancelot and Joseph Xavier Boniface *dit* Saintine)

O rendetemi la speme…Qui la voce

o   ren 'de te mi   la   'spɛ me
O   **rendetemi**   **la**   **speme**
either   *give back to me*   *the*   *hope*

o   laʃ: 'ʃa te mi   mo 'ɾir
o   **lasciatemi**   **morir.**
or   *leave me*   *to die*

kwi   la   'vo tʃe   'su a   so 'a ve
Qui   **la**   **voce**   **sua**   **soave**
here   *the*   *voice*   *his*   *gentle*

mi   kja 'ma va   e   'pɔ i   spa 'ɾi
mi   **chiamava…**   **e**   **poi**   **sparì.**
to me   *called*   *and*   *then*   *disappeared*

kwi   dʒu 'ra va   'ɛs: ser   fe 'de le
Qui   **giurava**   **esser**   **fedele;**
here   *he swore*   *to be*   *faithful*

364

kwi il dʒu 'ra va e 'pɔ i
qui il giurava, e poi,
here it he swore and then

kru 'dɛ le 'e i mi fud: 'dʒi
crudele, ei mi fuggì!
cruel one he from me fled

a 'ma i pju kwi as: 'sɔr ti in 'sjɛ me
Ah! mai più qui assorti insieme
ah never more here engrossed together

'nel: la 'dʒɔ ja 'de i so 'spir
nella gioia dei sospir.
in the joy of the yearning

a ren 'de te mi la 'spɛ me
Ah! rendetemi la speme,
ah give back to me the hope

o laʃ: 'ʃa te mi mo 'rir
o lasciatemi morir.
or leave me to die

vjɛn di 'lɛt: to ɛ in tʃɛl la 'lu na
Vien, diletto, è in ciel la luna!
come beloved is in sky the moon

'tut: to 'ta tʃe in 'tor no in 'tor no
Tutto tace intorno intorno;
all is silent roundabout

fiŋ 'ke 'spun ti in 'tʃɛ lo il 'dʒor no
finchè spunti in cielo il giorno,
up until may rise in sky the day

vjɛn ti 'pɔ za sul 'mi o kɔr
vien, ti posa sul mio cor!
come yourself rest on the my heart

dɛ taf: 'fret: ta o ar 'tu ro 'mi o
Deh! t'affretta, o Arturo mio;
please hurry o Arturo mine

'rje di o 'ka ro 'al: la 'tu a el 'vi ra
riedi, o caro, alla tua Elvira:
return o dear one to the your Elvira

'es: sa 'pjan dʒe e ti so 'spi ra
essa piange e ti sospira.
she weeps and you longs for

vjɛn o 'ka ro al: la 'mo re
Vien, o caro, all'amore,
come o dear one to the love

a 'vjɛ ni vjɛn al: la 'mor
ah vieni, vien all'amor.
ah come come to the love

'rjɛ di   al: la 'mo ɾe
Riedi   all'amore,
return   to the love

a   'rjɛ di   al: la 'mor
ah   riedi   all'amor.
ah   return   to the love

a   'rjɛ di   al   'pri mo   a 'mor
Ah   riedi   al   primo   amor!
ah   return   to the   first   love

LA SONNAMBULA
music: Vincenzo Bellini
libretto: Felice Romani (after *La Somnambule,* a ballet-pantomime by Eugène Scribe)

Care compagne…Come per me sereno

'ka ɾe   kom 'paɲ: ɲe
Care   compagne,
dear   companions

e   'vo i   'tɛ ne ɾi   a 'mi tʃi
e   voi,   teneri   amici,
and   you   tender   friends

ke   'al: la   'dʒɔ ja   'mi a   'tan ta   'par te   pren 'de te
che   alla   gioia   mia   tanta   parte   prendete,
who   in the   joy   mine   so much   part   you take

o   'ko me   'dol tʃi   'ʃen don   da 'mi na   al   'kɔ ɾe
oh   come   dolci   scendon   d'Amina   al   core
oh   how   sweet   fall   of Amina   on the   heart

i   'kan ti   ke   vin 'spi ɾa   il   'vɔ stro   a 'mo ɾe
i   canti   che   v'inspira   il   vostro   amore!
the   songs   which   here inspires   the   your   love

a   te   di 'lɛt: ta   'tɛ ne ɾa   'ma dre
A   te,   diletta,   tenera   madre,
to   you   beloved   tender   mother

ke   a   si   'ljɛ to   'dʒor no
che   a   sì   lieto   giorno
who   for   such   happy   day

me   or fa 'nɛl: la   ser 'ba sti
me   orfanella   serbasti,
me   orphan   [you] saved

a   te   fa 'vɛl: li   'kwe sto   dal   kɔr   pju
a   te   favelli   questo,   dal   cor   più
to   you   may speak   this   from the   heart   more

ke   dal   'tʃiʎ: ʎo   e 'sprɛs: so
che   dal   ciglio   espresso,
than   from the   eye   expressed

'dol tʃe   'pjan to   di   'dʒɔ ja   e   kwe stam 'plɛs: so
dolce   pianto   di   gioia,   e   quest'amplesso.
sweet   tear   of   joy   and   this embrace

kom 'paɲ: ɲe   'tɛ ne ɾi   a 'mi tʃi
Compagne...   **teneri**   **amici...**
companions   *tender*   *friends*

a   'ma dre   a   kwal   'dʒɔ ja
Ah!   **madre...**   **ah!**   **qual**   **gioia!**
ah   *mother*   *ah*   *what*   *joy*

'ko me   per   me   se 'ɾe no   'ɔd: dʒi   ri 'nak: kwe   il   di
Come   **per**   **me**   **sereno**   **oggi**   **rinacque**   **il**   **dì!**
how   *for*   *me*   *serene*   *today*   *was born*   *the*   *day*

'ko me   il   ter: 'ren   fjo 'ri
Come   **il**   **terren**   **fiorì,**
how   *the*   *earth*   *flowered*

'ko me   fjo 'ri
come   **fiorì**
how   *it flowered*

pju   'bɛl: lo   e   a 'mɛ no
più   **bello**   **e**   **ameno!**
more   *beautiful*   *and*   *pleasant*

'ma i   di   pju   'ljɛ to   a 'spɛt: to
Mai   **di**   **più**   **lieto**   **aspetto**
never   *with*   *more*   *happy*   *countenance*

na 'tu ɾa   non   bril: 'lɔ
natura   **non**   **brillò;**
nature   *not*   *shone*

a 'mor   la   ko lo 'ɾɔ   a 'mor   del   'mi o   di 'lɛt: to
amor   **la**   **colorò,**   **amor**   **del**   **mio**   **diletto.**
love   *it*   *colored*   *love*   *of the*   *my*   *beloved one*

'so vra   il   sen   la   man   mi   'pɔ za
Sovra   **il**   **sen**   **la**   **man**   **mi**   **posa;**
upon   *the*   *breast*   *the*   *hand*   *to me*   *place*

pal pi 'tar   bal 'tsar   lo   'sɛn ti
palpitar,   **balzar**   **lo**   **senti:**
to palpitate   *to leap*   *it*   *feel*

'eʎ: ʎi   ɛ   il   kɔr   ke   i   'swɔ i   kon 'tɛn ti
egli   **è**   **il**   **cor**   **che**   **i**   **suoi**   **contenti**
it   *is*   *the*   *heart*   *which*   *the*   *its*   *contentments*

non   a   'fɔr tsa   a   so ste 'ner
non   **ha**   **forza**   **a**   **sostener.**
not   *it has*   *strength*   *to*   *[to] sustain*

a   non   a   'fɔr tsa   a   so ste 'ner
Ah,   **non**   **ha**   **forza**   **a**   **sostener,**
ah   *not*   *it has*   *strength*   *to*   *[to] sustain*

a   nɔ
ah   **no.**
ah   *no*

'ka ɾi   a 'mi tʃi   a 'ma ta   'ma dre
Cari   **amici,**   **amata**   **madre!**
dear   *friends*   *beloved*   *mother*

a lo ˈsɛn to ɛ il ˈmi o ˈkɔ ɾe
Ah! lo sento, è il mio core,
ah it I feel it is the my heart

a si bal ˈtsar lo ˈsɛn to lo ˈsɛn to bal ˈtsar
ah, sì, balzar lo sento, lo sento balzar!
ah yes to leap it I feel it I feel to leap

Ah! non credea…Ah! non giunge

a non kre ˈde a mi ˈɾar ti
Ah! non credea mirarti
ah not I believed to see you

si ˈprɛ sto e ˈstin to o ˈfjo ɾe
sì presto estinto, o fiore;
so soon dead o flower

pasː ˈsa sti al par da ˈmo ɾe
passasti al par d'amore,
you passed on just like love

ke un ˈdʒor no sol du ˈɾɔ
che un giorno sol durò.
which one day only lasted

po ˈtri a no ˈvɛl vi ˈgo ɾe il ˈpjan to
Potria novel vigore il pianto
would be able new vitality the tears

ˈmi o ɾe ˈkar ti
mio recarti,
mine to bring to you

ma ravː vi ˈvar la ˈmo ɾe il ˈpjan to ˈmi o
ma ravvivar l'amore il pianto mio,
but to revive the love the weeping mine

a nɔ non pwɔ
ah, no, non può!
ah no not is able

a non ˈdʒun dʒe u ˈman pen ˈsjɛ ɾo
Ah! non giunge uman pensiero
ah not reaches human thought

al kon ˈtɛn to on ˈdi o son ˈpjɛ na
al contento ond'io son piena:
to the happiness from which I [I] am full

a ˈmjɛ i ˈsɛn si ˈi o ˈkre do apː ˈpe na
A' miei sensi io credo appena;
in my senses I [I] believe scarcely

tu mafː ˈfi da o ˈmi o te ˈzɔr
tu m'affida, o mio tesor!
you me trust o my treasure

a mi abː ˈbrat tʃa
Ah! mi abbraccia,
ah me embrace

e ˈsɛm pre in ˈsjɛ me
e sempre insieme,
and always together

'sɛm pre   u 'ni ti   in   'u na   'spɛ me
sempre   **uniti**   **in**   **una**   **speme,**
always   *united*   *in*   *one*   *hope*

'del: la   'tɛr: ra   in   'ku i   vi 'vja mo
della   **terra**   **in**   **cui**   **viviamo**
from the   *earth*   *on*   *which*   *we live*

tʃi   for 'mja mo   un   tʃɛl   da 'mor
ci   **formiamo**   **un**   **ciel**   **d'amor.**
we   *form*   *a*   *heaven*   *of love*

a
Ah!
ah

ABOUT THE FRENCH IPA TRANSLITERATIONS
by Martha Gerhart

Following is a table of pronunciation for French lyric diction in singing as transliterated in this volume.

THE VOWELS

symbol	nearest equivalent in English	descriptive notes
[ɑ]	as in "father"	the "dark 'a'"
[a]	in English only in dialect; comparable to the Italian "a"	the "bright 'a'"
[e]	no equivalent in English; as in the German "Schnee"	the "closed 'e'": [i] in the [ɛ] position
[ɛ]	as in "bet"	the "open 'e'"
[i]	as in "feet"	
[o]	no equivalent in English as a pure vowel; approximately as in "open"	the "closed 'o'"
[ɔ]	as in "ought"	the "open 'o'"
[u]	as in "blue"	
[y]	no equivalent in English	[i] sustained with the lips rounded to a [u] position
[ø]	no equivalent in English	[e] sustained with the lips rounded almost to [u]
[œ] *	as in "earth" without pronouncing any "r"	[ɛ] with lips in the [ɔ] position
[ã]	no equivalent in English	the nasal "a": [ɔ] with nasal resonance added
[õ]	no equivalent in English	the nasal "o": [o] with nasal resonance added
[ɛ̃]	no equivalent in English	the nasal "e": as in English "cat" with nasal resonance added
[œ̃]	no equivalent in English	the nasal "œ": as in English "uh, huh" with nasal resonance added

* Some diction manuals transliterate the neutral, unstressed syllables in French as a "schwa" [ə].
Refer to authoritative published sources concerning such sophistications of French lyric diction.

THE SEMI-CONSONANTS

symbol	nearest equivalent in English	descriptive notes
[ɥ]	no equivalent in English	a [y] in the tongue position of [i] and the lip position of [u]
[j]	as in "ewe," "yes"	a "glide"
[w]	as in "we," "want"	

THE CONSONANTS

[b]	as in "bad"	with a few exceptions
[c]	[k], as in "cart"	with some exceptions
[ç]	as in "sun"	when initial or medial, before *a*, *o*, or *u*
[d]	usually, as in "door"	becomes [t] in liaison
[f]	usually, as in "foot"	becomes [v] in liaison
[g]	usually, as in "gate"	becomes [k] in liaison; see also [ʒ]
[k]	as in "kite"	
[l]	as in "lift"	with some exceptions
[m]	as in "mint"	with a few exceptions
[n]	as in "nose"	with a few exceptions
[ɲ]	as in "onion"	almost always the pronunciation of the "gn" combination
[p]	as in "pass"	except when silent (final) and in a few rare words
[r] *	no equivalent in English	flipped (or occasionally rolled) "r"
[s]	as in "solo"	with exceptions; becomes [z] in liaison
[t]	as in "tooth"	with some exceptions
[v]	as in "voice"	
[x]	[ks] as in "extra," [gz] as in "exist," [z] as in "Oz," or [s] as in "sent"	becomes [z] in liaison
[z]	as in "zone"	with some exceptions
[ʒ]	as in "rouge"	usually, "g" when initial or mediant before *e*, *i*, or *y*; also, "j" in any position
[ʃ]	as in "shoe"	

* The conversational "uvular 'r'" is used in popular French song and cabaret but is not considered appropriate for singing in the classical repertoire.

LIAISON AND ELISION

Liaison is common in French. It is the sounding (linking) of a normally silent final consonant with the vowel (or mute h) beginning the next word. Its use follows certain rules; apart from the rules, the final choice as to whether or not to make a liaison depends on good taste and/or the advice of experts.

Examples of liaison, with their IPA:

        les oiseaux   est ici
        lɛ‿ zwa zo   ɛ‿ ti si

Elision is the linking of a consonant followed by a final unstressed *e* with the vowel (or mute *h*) beginning the next word.

    examples, with their IPA: elle est   votre âme
                                 ɛ‿ lɛ   vɔ‿ trɑ mœ

The linking symbol [‿] is given in these transliterations for both **elision** and for (recommended) **liaisons**.

LES CONTES D'HOFFMANN

music: Jacques Offenbach
libretto: Jules Barbier and Michel Carré (after stories of E.T.A. Hoffmann)

Les oiseaux dans la charmille
(Doll Song)

lɛ‿	zwa zo	dɑ̃	la	ʃar mi jœ
Les	**oiseaux**	**dans**	**la**	**charmille,**
the	*birds*	*in*	*the*	*arbor*

dɑ̃	lɛ	sjø	la strœ dy ʒur
dans	**les**	**cieux**	**l'astre du jour,**
in	*the*	*skies*	*the star of the daytime, i.e., the sun*

tu	parl	a	la	ʒœ nœ	fi jœ	da mur
tout	**parle**	**à**	**la**	**jeune**	**fille**	**d'amour!**
everything	*speaks*	*to*	*the*	*young*	*girl*	*of love*

a	tu	par lœ	da mur
Ah!	**tout**	**parle**	**d'amour!**
ah	*everything*	*speaks*	*of love*

a
Ah!
ah

vwa la	la	ʃɑ̃ sɔ̃	ʒɑ̃ ti jœ
Voilà	**la**	**chanson**	**gentille,**
that is	*the*	*song*	*pretty*

la	ʃɑ̃ sɔ̃	dɔ lɛ̃ pi a
la	**chanson**	**d'Olympia!**
the	*song*	*of Olympia*

a
Ah!
ah

tu	sœ	ki	ʃɑ̃‿	te	re zɔ nœ
Tout	**ce**	**qui**	**chante**	**et**	**résonne**
all	*that*	*which*	*sings*	*and*	*resounds*

e	su pi rœ	tu‿	ra	tur
et	**soupire**	**tour**	**à**	**tour,**
and	*sighs*	*turn*	*by*	*turn*

e mø	sɔ̃	kœr	ki	fri sɔ nœ	da mur
émeut	**son**	**cœur,**	**qui**	**frissonne**	**d'amour!**
arouses	*her*	*heart*	*which*	*quivers*	*with love*

a	tu	par lœ	da mur
Ah!	**tout**	**parle**	**d'amour!**
ah	*everything*	*speaks*	*of love*

a
Ah!
ah

vwa la	la	ʃɑ̃ sɔ̃	mi ɲɔ nœ
Voilà	**la**	**chanson**	**mignonne,**
that is	*the*	*song*	*sweet*

la   ʃɑ̃ sɔ̃   dɔ lɛ̃ pi a
la   chanson   d'Olympia!
the   song   of Olympia

a
Ah!
ah

LES DEUX AVARES

music: André Grétry
libretto: C.G. Fenouillot de Falbaire

Plus de dépit, plus de tristesse

ply   dœ   de pi   ply   dœ   tri stɛ sœ
Plus   de   dépit,   plus   de   tristesse,
[no] more   of   spite   [no] more   of   sadness

dɛ kœ   ʒœ   pɥi   vɔ le   vɛr   twa
dès que   je   puis   voler   vers   toi.
at the moment when   I   am able   to fly   toward   you

dœ   gri pɔ̃   ʒœ   plɛ̃   la   fɛ blɛ sœ
De   Gripon   je   plains   la   faiblesse,
of   Gripon   I   pity   the   weakness

e   ʒœ   ʃɑ̃ tœ   kɑ̃   ʒœ   tœ   vwa
et   je   chante   quand   je   te   vois.
and   I   sing   when   I   you   see

il   sœ   krwɑ   ri ʃœ
Il   se   croit   riche;
he   himself   believes   rich

o   lœ   po   vrɔ mœ
ô   le   pauvre   homme!
oh   the   poor   man

lɔ   re   lar ʒɑ̃   sɔ̃   tu   sɔ̃   bjɛ̃
L'or   et   l'argent   sont   tout   son   bien.
the gold   and   the silver   are   all   his   possession

mwa   je   lœ   kœr   dœ   ʒe ro mœ
Moi,   j'ai   le   cœur   de   Jérôme;
me   I have   the   heart   of   Jerome

mɔ̃   tre zɔr   vo   mjø   kœ   lœ   sjɛ̃
mon   trésor   vaut   mieux   que   le   sien.
my   treasure   is worth   more   than   the   his

DINORAH
ou Le Pardon de Ploërmel
music: Giacomo Meyerbeer
libretto: Jules Barbier and Michel Carré

Ombre légère
(Shadow Song)

la	nɥi	ɛ	frwa‿	de	sɔ̃ brə
La	**nuit**	**est**	**froide**	**et**	**sombre.**
the	*night*	*is*	*cold*	*and*	*dark*

a	kɛ‿	lɑ̃ nɥi	dɛ re		sœ lœ
Ah!	**quel**	**ennui**	**d'errer**		**seule**
ah	*what*	*boredom*	*[of] to wander*		*alone*

dɑ̃	lɔ̃ brə
dans	**l'ombre!**
in	*the darkness*

o	ʒwa œ	ɑ̃ fɛ̃	lœ	sjɛl	se klɛ rœ
O	**joie!**	**Enfin**	**le**	**ciel**	**s'éclaire!**
o	*joy*	*finally*	*the*	*sky*	*lights up*

ʒœ	tœ	rœ tru vœ	a mi	ɛ̃ gra‿	te	ʃɛ rə
Je	**te**	**retrouve,**	**amie**	**ingrate**	**et**	**chère!**
I	*you*	*find again*	*friend*	*ungrateful*	*and*	*dear*

bɔ̃ ʒur	ty	vø	sa vwar	ʒœ	ga ʒə
Bonjour!	**Tu**	**veux**	**savoir,**	**je**	**gage,**
Good day	*you*	*wish*	*to know*	*I*	*wager*

kɛ lœ	ʃɑ̃ sɔ̃	da mur
quelles	**chansons**	**d'amour,**
which	*songs*	*of love*

ɑ̃	tœ mɛ lɑ	o	dɑ̃ sœ	dy	vi la ʒə
en	**te mêlant**	**aux**	**danses**	**du**	**village,**
while	*you mingling*	*with the*	*dances*	*of the*	*village*

ty	ʃɑ̃ tœ ra	a	nɔ trœ	ma ri a ʒə
tu	**chanteras**	**à**	**notre**	**mariage?**
you	*will sing*	*at*	*our*	*marriage*

a lɔ̃	vi tœ	prɑ̃	ta	lœ sɔ̃
Allons,	**vite,**	**prends**	**ta**	**leçon!**
let's go	*quickly*	*take*	*your*	*lesson*

a tœ twa	da prɑ̃ drœ	dɑ̃‿	se	ʃɑ̃ sɔ̃
Hâte-toi	**d'apprendre**	**danse**	**et**	**chanson!**
haste you	*[of] to learn*	*dance*	*and*	*song*

ɔ̃ brœ	le ʒɛ rœ	ki	sɥi	mɛ	pɑ
Ombre	**légère,**	**qui**	**suis**	**mes**	**pas,**
shadow	*fickle*	*you who*	*follow*	*my*	*steps*

nœ	tɑ̃ va	pɑ	nɔ̃
ne	**t'en va**	**pas,**	**non!**
not	*go away*	*[not]*	*no*

fe	u	ʃi mɛ rœ	ki	mɛ	si	ʃɛ rœ
Fée	**ou**	**chimère,**	**qui**	**m'est**	**si**	**chère,**
fairy	*or*	*fancy*	*who*	*to me is*	*so*	*dear*

nœ	tɑ̃ va	pɑ	nɔ̃	nɔ̃	nɔ̃
ne	**t'en va**	**pas!**	**Non,**	**non,**	**non!**
not	*go away*	*[not]*	*no*	*no*	*no*

ku rɔ̃ zã sã blœ
Courons ensemble,
let's run together

ʒe pœr ʒœ trã blœ
j'ai peur, je tremble
I have fear I tremble

kã ty tã va lwɛ̃ dœ mwa
quand tu t'en vas loin de moi!
when you go away far from me

a nœ tã va pɑ
Ah! Ne t'en va pas!
ah not go away [not]

a ʃa kɔ rɔ rœ ʒœ tœ ra vwa
À chaque aurore je te ravois!
at each dawn I you have back again

a rɛ stã kɔ rœ
Ah, reste encore;
ah stay more

dã sa ma vwa
danse à ma voix!
dance to my voice

pur tœ se dyi rœ ʒœ vjɛ̃ su ri rœ
Pour te séduire je viens sourire;
in order you to seduce I am going to smile

ʒœ vø ʃã te
je veux chanter!
I want to sing

a prɔ ʃœ twa
Approche-toi!
come near

vjɛ̃ re pɔ̃ mwa
Viens, réponds-moi!
come answer me

ʃã ta vɛk mwa
Chante avec moi!
sing with me

a re pɔ̃
Ah! réponds!
ah respond

a sɛ bjɛ̃
Ah! c'est bien!
ah that is good

sɛ ty bjɛ̃ kɔ ɛl mɛ mœ
Sais-tu bien qu'Hoël m'aime,
know you well that Hoël me loves

e kɔ ʒur dyi mɛ mœ
et qu'aujourd'hui même
and that today same

375

djø va pur tu ʒur be nir no‿ za mur
Dieu va pour toujours bénir nos amours?
God is going for always to bless our loves

lœ sɛ ty
Le sais-tu?
it know you

mɛ ty prɑ̃ la fɥi tə
Mais tu prends la fuite!
but you are taking the flight

pur kwa mœ ki te kɑ̃ ma vwa tẽ vi tœ
Pourquoi me quitter, quand ma voix t'invite?
why me to leave when my voice you invites

la nɥi mɑ̃ vi rɔ nœ
La nuit m'environne!
the night me encompasses

ʒœ sɥi sœl e lɑs
Je suis seule, hélas!
I am alone alas

a rœ vjẽ swa bɔ nœ
Ah! reviens, sois bonne!
ah come back be good

a sɛ‿ tɛ lœ
Ah! c'est elle!
ah it is she

me ʃɑ̃ tœ me ʃɑ̃‿ tɛ sœ mwa kœ lɔ̃ fɥi
Méchante, méchante, est-ce moi que l'on fuit?
unkind one unkind one is it me whom the one flees

ɔ̃ brœ le ʒɛ rœ
Ombre légère...
shadow fickle

la la la
La la la...
la la la

a rɛ stœ a vɛk mwa
Ah! reste avec moi!
ah stay with me

LA FILLE DU RÉGIMENT

music: Gaetano Donizetti
libretto: Jules-Henri Vernoy de Saint-Georges and Jean-François-Alfred Bayard

Chacun le sait

a
Ah!
ah

ʃa kœ̃ lœ sɛ ʃa kœ̃ lœ di
Chacun le sait, chacun le dit:
each one it knows each one it says

lœ re ʒi mã pa‿ rɛk sɛ lã sœ
le régiment par excellence,
the regiment for excellence

lœ sœ‿ la ki lõ fas kre di
le seul à qui l'on fass' crédit
the only [one] to which the one does credit

dã tu le ka ba rɛ dœ frã sœ
dans tous les cabarets de France.
in all the pubs of France

lœ re ʒi mã ã tu pɛ i
Le régiment: en tous pays
the regiment in every country

le frwa de‿ za mã de ma ri
l'effroi des amants, des maris,
the dread of the lovers of the husbands

mɛ dœ la bo te bjɛ̃ sy prɛ mœ
mais de la beauté bien suprême!
but of the handsomeness quite supreme

i‿ lɛ la mɔr blø
Il est là, morbleu!
it is here by God

lœ vwa la kɔr blø
Le voilà, corbleu!
it there is by Jove

i‿ lɛ la lœ vwa la
Il est là, le voilà,
it is here it there is

lœ bo vɛ̃‿ te y njɛ mœ
le beau vingt et unième!
the handsome twenty-first

i‿ la ɡɑ ɲe tã dœ kõ bɑ
Il a gagné tant de combats
it has won so many of combats

kœ nɔ‿ trã pœ rœr õ lœ pã sœ
que notre empereur, on le pense,
that our emperor one it thinks

fœ ra ʃa kœ̃ dœ sɛ sɔl dat
fera chacun de ses soldats,
will make each of its soldiers

a la pε ma re ʃal dœ frã sœ
à la paix, maréchal de France!
at the peace marshall of France

kar sε kɔ ny
Car c'est connu
for it is known

lœ re ʒi mã lœ ply vɛ̃ kœr
le régiment le plus vainqueur,
the regiment the most victorious

lœ ply ʃar mã kœ̃ sɛk sœ krɛ̃
le plus charmant, qu'un sexe craint,
the most charming which one sex fears

e kœ lo‿ trɛ mœ
et que l'autre aime.
and which the other loves

vi vœ lœ vɛ̃‿ te y njɛ mœ
Vive le vingt et unième!
long live the twenty-first

HAMLET
music: Ambroise Thomas
libretto: Jules Barbier and Michel Carré (after the tragedy by William Shakespeare)

À vos jeux, mes amis…Partagez-vous mes fleurs!
(Ophelia's Mad Scene)

a vo ʒø mɛ‿ za mi
À vos jeux, mes amis,
in your games my friends

pεr mε te mwa dœ grɑ sœ
permettez-moi, de grâce,
permit me graciously

dœ prã drœ par
de prendre part!
[of] to take part

nyl na sɥi vi ma tra sœ
Nul n'a suivi ma trace!
no one [not] has followed my trail

ʒe ki te lœ pa lε
J'ai quitté le palais
I have left the palace

o prœ mje fø dy ʒur
aux premiers feux du jour.
at the first lights of the day

dε lar mœ dœ la nɥi
Des larmes de la nuit
with the tears of the night

la tε‿ re tε mu je œ
la terre était mouillée;
the ground was damp

e la lu ɛ tœ a vã lo͜
et l'alouette, avant l'aube éveillée,
and the lark before the dawn awakened
be ve je œ

pla nɛ dã lɛr
planait dans l'air!
soared into the air

mɛ vu pur kwa vu par le bɑ
Mais vous, pourquoi vous parlez bas?
but you why you [you] speak softly

nœ mœ rœ kɔ nɛ se vu pɑ
Ne me reconnaissez-vous pas?
not me recognize you [not]

am lɛt ɛ mɔ͜ ne pu
Hamlet est mon époux...
Hamlet is my husband

e ʒœ sɥi͜ zɔ fe li œ
et je suis Ophélie!
and I am Ophelia

œ̃ du sɛr mã nu li œ
Un doux serment nous lie,
a sweet oath us binds

il ma dɔ ne sɔ̃ kœr
il m'a donné son cœur
he to me has given his heart

ã͜ ne ʃã ʒœ dy mjɛ̃
en échange du mien...
in exchange of the mine

e si kɛl kœ̃ vu di
et si quelqu'un vous dit
and if anyone to you says

kil mœ fɥi e mu bli œ
qu'il me fuit et m'oublie,
that he me shuns and me forgets

nã krwa je rjɛ̃
n'en croyez rien!
not of it believe anything

nã krwa je rjɛ̃ nɔ
N'en croyez rien; non,
not of it believe anything no

am lɛt ɛ mɔ̃͜ ne pu e mwa
Hamlet est mon époux et moi,
Hamlet is my husband and me

ʒœ sɥi͜ zɔ fe li œ
je suis Ophélie.
I am Ophelia

sil tra i sɛ sa fwa
S'il trahissait sa foi,
if he betrayed his faith

379

ʒɑ̃ pɛr drɛ la rɛ zɔ̃
j'en perdrais la raison!
I from it would lose the reason

par ta ʒe vu mɛ flœr
Partagez-vous mes fleurs!
share you my flowers

a twa sɛ tœ̃ blœ brɑ̃ ʃœ
À toi cette humble branche
to you this humble branch

dœ rɔ ma rɛ̃ so va ʒœ a
de romarin sauvage. Ah!
of rosemary wild ah

a twa sɛ tœ pɛr vɑ̃ ʃœ a
À toi cette pervenche... Ah!
to you this periwinkle ah

e mɛ̃ tœ nɑ̃ e ku te ma ʃɑ̃ sɔ̃
Et maintenant, écoutez ma chanson!
and now listen to my song

pɑ le blɔ̃ dœ
Pâle et blonde
pale and fair-haired

dɔr su lo prɔ fɔ̃ dœ
dort sous l'eau profonde
sleeps beneath the water deep

la vi lis o rœ gar dœ fø
la Willis au regard de feu!
the Willis with the gaze of fire

kœ djø gar dœ
Que Dieu garde
that God may protect

sœ lɥi ki sa tar dœ
celui qui s'attarde
the one who stays too late

dɑ̃ la nɥi o bɔr dy lak blø
dans la nuit, au bord du lac bleu!
in the night on the shore of the lake blue

œ rø zœ le pu zœ
Heureuse l'épouse
happy the wife

o bra dœ le pu
aux bras de l'époux!
in the arms of the husband

mɔ̃ nɑ mɛ ʒa lu zœ
Mon âme est jalouse
my soul is jealous

dœ̃ bɔ nœr si du
d'un bonheur si doux!
of a happiness so sweet

nɛ̃‿ fo rœ gar dœ fø
Nymphe au regard de feu,
nymph with the gaze of fire

e lɑs ty dɔr su
hélas, tu dors sous
alas you are sleeping beneath

lɛ‿ zo dy lak blø
les eaux du lac bleu!
the waters of the lake blue

a a a la la la
Ah! ah ah... La, la la...
ah ah ah la la la

la si rɛ nœ pɑ‿ se vu‿ zɑ̃ trɛ nœ
La sirène passe et vous entraîne
the siren passes by and you draws

su la zyr dy la‿ kɑ̃ dɔr mi
sous l'azur du lac endormi.
beneath the blue of the lake sleeping

lɛr sœ vwa lœ
L'air se voile;
the air clouds up

a djø blɑ̃‿ ʃe twa lœ
adieu, blanche étoile!
farewell white star

a djø sjɛl
Adieu ciel,
farewell heaven

a djø du‿ za mi
adieu doux ami!
farewell sweet friend

su lɛ flo‿ zɑ̃ dɔr mi a
Sous les flots endormi, ah,
beneath the waves sleeping ah

pur tu ʒur a djø mɔ̃ du‿ za mi
pour toujours, adieu, mon doux ami!
for always farewell my sweet friend

a a a la la la
Ah! ah! ah!... La, la, la...
ah ah ah la la la

a ʃɛ‿ re pu
Ah, cher époux!
ah dear husband

a ʃɛ‿ ra mɑ̃
Ah, cher amant!
ah dear lover

a du‿ za vø
Ah, doux aveu!
ah sweet vow

a   tã drœ   sɛr mã
Ah, tendre serment!
ah tender oath

bɔ nœr   sy prɛ mœ
Bonheur suprême!
happiness supreme

a   kry ɛl   ʒœ tɛ mœ
Ah! Cruel! Je t'aime!
ah cruel one I you [I] love

a   kry ɛl   ty   vwa   mɛ   plœr
Ah, cruel, tu vois mes pleurs!
ah cruel one you see my tears

a   pur   twa   ʒœ   mœr
Ah, pour toi je meurs!
ah for you I die

a   ʒœ   mœr
Ah, je meurs!
ah I am dying

LAKMÉ

music: Léo Delibes
libretto: Edmond Gondinet and Philippe Gille (after Pierre Loti's *Le Mariage de Loti*)

Ah! Où va la jeune indoue
(Bell Song)

a
Ah!
ah

u   va   la   jœ̯   nɛ̃ du œ
Où va la jeune indoue,
where goes the young Hindu

fi jœ   dɛ   pa ri a
fille des parias,
daughter of the pariahs

kã   la   ly nœ   sœ ʒu œ
quand la lune se joue
when the moon plays about

dã   lɛ   grã   mi mo za
dans les grands mimosas?
in the tall mimosas

ɛ lœ   kur   syr   la   mu sœ
Elle court sur la mousse
she runs over the moss

e   nœ   sœ su vjɛ̃   pɑ
et ne se souvient pas
and not remembers [not]

kœ   par tu   ɔ̃   rœ pu sœ
que partout on repousse
that everywhere one shuns

lã fã   dɛ   pa ri a
l'enfant   **des**   **parias.**
the child   *of the*   *pariahs*

ɛ lœ   kur   syr   la   mu sœ
Elle   **court**   **sur**   **la**   **mousse,**
she   *runs*   *over*   *the*   *moss*

lã fã   dɛ   pa ri a
l'enfant   **des**   **parias;**
the child   *of the*   *pariahs*

lœ lɔ̃ dɛ   lɔ rje   ro zœ
le long des   **lauriers**   **roses,**
alongside of the   *laurels*   *pink*

rɛ vã   dœ   du sœ   ʃo zœ
rêvant   **de**   **douces**   **choses,**
dreaming   *of*   *sweet*   *things*

a   ɛ lœ   pɑ sœ   sã   brɥi
ah!   **elle**   **passe**   **sans**   **bruit**
ah   *she*   *passes by*   *without*   *noise*

e   ri ã‿   ta   la   nɥi
et   **riant**   **à**   **la**   **nuit!**
and   *laughing*   *at*   *the*   *night*

la bɑ   dã   la   fɔ rɛ   ply   sɔ̃ brœ
Là-bas   **dans**   **la**   **forêt**   **plus**   **sombre,**
over there   *in*   *the*   *forest*   *more*   *gloomy*

kɛ‿   lɛ   sœ   vwa ja ʒœr   pɛr dy
quel   **est**   **ce**   **voyageur**   **perdu?**
who   *is*   *that*   *traveller*   *lost*

o tur   dœ   lɥi
Autour   **de**   **lui**
all around   *of*   *him*

dɛ‿   zjø   bri jœ   dã   lɔ̃ brœ
des   **yeux**   **brillent**   **dans**   **l'ombre;**
of the   *eyes*   *sparkle*   *in*   *the darkness*

il   mar‿   ʃã kɔ rə   o a za‿   re pɛr dy
il   **marche**   **encore**   **au hasard,**   **éperdu!**
he   *walks*   *more*   *at random*   *bewildered*

lɛ   fo vœ   ru ʒi sœ   dœ   ʒwa œ
Les   **fauves**   **rugissent**   **de**   **joie.**
the   *wild animals*   *roar*   *with*   *joy*

il   vɔ̃   sœ ʒœ te   syr   lœr   prwɑ ə
Ils   **vont**   **se jeter**   **sur**   **leur**   **proie.**
they   *are going*   *to throw themselves*   *upon*   *their*   *prey*

la   ʒœ nœ   fi‿   ja kur
La   **jeune**   **fille**   **accourt**
the   *young*   *girl*   *rushes up*

e   bra vœ   lœr   fy rœr
et   **brave**   **leurs**   **fureurs.**
and   *braves*   *their*   *rages*

ɛ‿	la	dɑ̃	sa	mɛ̃	la	ba gɛ tœ
Elle	**a**	**dans**	**sa**	**main**	**la**	**baguette**
she	*has*	*in*	*her*	*hand*	*the*	*wand*

u	tɛ̃ tœ	la	klɔ ʃɛ tœ
où	**tinte**	**la**	**clochette**
where	*jingles*	*the*	*little bell*

dɛ	ʃar mœr
des	**charmeurs.**
of the	*sorcerers*

a	a	a	a	a	a	a
Ah!	**ah!**	**ah!**	**ah!**	**ah!**	**ah!**	**ah!**
ah	*ah*	*ah*	*ah*	*ah*	*ah*	*ah*

le trɑ̃ ʒe	la	rœ gar dœ
L'étranger	**la**	**regarde;**
the stranger	*her*	*looks at*

ɛ lœ	rɛ‿	ste blu i œ
elle	**reste**	**éblouie.**
she	*stands*	*dazzled*

i‿	lɛ	ply	bo	kœ	lɛ	ra ʒa
Il	**est**	**plus**	**beau**	**que**	**les**	**rajahs!**
he	*is*	*more*	*handsome*	*than*	*the*	*rajahs*

il	ru ʒi ra
Il	**rougira**
he	*will blush*

sil	sɛ	kil	dwa	la	vi œ
s'il	**sait**	**qu'il**	**doit**	**la**	**vie**
if he	*knows*	*that he*	*owes*	*the*	*life*

a	la	fi jœ	dɛ	pa ri a
à	**la**	**fille**	**des**	**parias.**
to	*the*	*daughter*	*of the*	*pariahs*

mɛ	lɥi	lɑ̃ dɔr mɑ̃	dɑ̃‿	zœ̃	rɛ vœ
Mais	**lui,**	**l'endormant**	**dans**	**un**	**rêve,**
but	*he*	*her putting to sleep*	*in*	*a*	*dream*

ʒys kœ	dɑ̃	lœ	sjɛl	il	lɑ̃ lɛ vœ
jusque	**dans**	**le**	**ciel**	**il**	**l'enlève,**
up to	*into*	*the*	*heaven*	*he*	*her raises*

ɑ̃	lɥi	di zɑ̃	ta	pla‿	sɛ	la
en	**lui**	**disant:**	**ta**	**place**	**est**	**là!**
in	*her*	*telling*	*your*	*place*	*is*	*there*

se tɛ	viʃ nu	fis	dœ	bra ma
C'était	**Vichnou,**	**fils**	**de**	**Brahma!**
it was	*Vishnu*	*son*	*of*	*Brahma*

dœ pɥi	sœ	ʒur	o	fɔ̃	dɛ	bwɑ
Depuis	**ce**	**jour,**	**au**	**fond**	**des**	**bois,**
since	*that*	*day*	*in the*	*depth*	*of the*	*woods*

lœ	vwa ja ʒœ‿	rɑ̃ tɑ̃	par fwa
le	**voyageur**	**entend**	**parfois**
the	*traveller*	*hears*	*sometimes*

lœ brɥi le ʒe dœ la ba gɛ tœ
le bruit léger de la baguette
the sound faint of the wand

u tɛ̃ tœ la klɔ ʃɛ tœ
où tinte la clochette
where jingles the little bell

dɛ ʃar mœr
des charmeurs.
of the seducers

a
Ah!
ah

MANON LESCAUT
music: Daniel François Auber
libretto: Eugène Scribe (after the novel by Antoine-François Prévost)

C'est l'histoire amoureuse
(Laughing Song)

mi vwa si
M'y voici!
me here here is

œ̃ nɛ̃ stɑ̃ prɛ tœ mwa
Un instant, prête-moi
one moment lend me

sɛ tœ vjɛ jœ gi ta rœ
cette vieille guitare?
that old guitar

la la la la la la la ah
La la la la la la la. Ah!
la la la la la la la ah

pur pø kœ la ʃɑ̃ sɔ̃ vu plɛ sœ
Pour peu que la chanson vous plaise,
in case the song you may please

e ku te grɑ̃ ze pe ti
écoutez, grands et petits,
listen to grown-ups and little ones

la nu vɛ lœ bur bɔ nɛ zœ
la nouvelle Bourbonnaise
the new bourbonnaise [song]

dɔ̃ sa my zœ tu pa ri ah
dont s'amuse tout Paris! Ah!
by which itself amuses all Paris ah

sɛ li stwa ra mu rø zœ
C'est l'histoire amoureuse,
it is the story love

o tã kœ   fa by lø zœ
autant que   fabuleuse,
as much as   incredible

dœ̃   ga lã   fjɛ‿ ra brɑ
d'un   galant   fier à bras,
of a   gallant   swaggerer

ah   ah   ah   ah   ah   ah   ah   ah   ah
ah   ah   ah   ah   ah   ah   ah   ah   ah...
ah   ah   ah   ah   ah   ah   ah   ah   ah

dœ̃   tã drœ   kɔ mi sɛ rœ
d'un   tendre   commissaire
of a   tender   commissioner

kœ   lɔ̃   krwa jɛ   se vɛ rœ
que   l'on   croyait   sévère
whom   the one   believed   severe

e   ki   nœ   le tɛ   pɑ
et   qui   ne   l'était   pas!
and   who   of that   it was   not

a   a   a   a   a   a   a
Ah   ah   ah   ah   ah   ah   ah   ah.
ah   ah   ah   ah   ah   ah   ah   ah

i‿   lɛ mɛ‿   ty nœ   bɛl   a   a
Il   aimait   une   belle,   ah   ah!
he   loved   a   beautiful woman   ah   ah

i‿   lã   vu lɛ   mɛ‿   zɛl   a   a
Il   en   voulait, mais   elle,   ah   ah,
he   of her   wished   but   she   ah   ah

dœ   lɥi   nœ   vu lɛ   pɑ
de   lui   ne   voulait   pas!
from   him   not   wished   [not]

a   a   a   a   a   a   a
Ah   ah   ah   ah   ah   ah   ah   ah.
ah   ah   ah   ah   ah   ah   ah   ah

ɔr   vu le vu‿   za prã drœ
Or,   voulez-vous   apprendre
now   wish you   to learn

lœ   nɔ̃   dœ   sœ   le ã drœ
le   nom   de   ce   Léandre,
the   name   of   that   Leander

trɛ trœ   kɔ mœ   ʒy dɑ
traître   comme   Judas!
traitor   like   Judas

sɔ̃   nɔ̃   vu‿   za le   ri rœ
Son   nom?   Vous   allez   rire.
his   name   you   are going   to laugh

ʒœ   mã   vɛ   vu   lœ   di rœ
Je   m'en   vais   vous   le   dire
I   me of it   am going   you   it   to tell

bjɛ̃	bɑ	tu	bɑ					
bien	**bas...**	**tout**	**bas...**					
quite	*softly*	*completely*	*softly*					

nɔ̃	nɔ̃	ʒœ	nœ	lœ	di re	pɑ		
Non,	**non,**	**je**	**ne**	**le**	**dirai**	**pas!**		
no	*no*	*I*	*of it*	*it*	*will tell*	*not*		

la	la	la	la	la	la	la	la	la
La	**la**	**la**	**la**	**la**	**la**	**la**	**la**	**la...**
la	*la*	*la*	*la*	*la*	*la*	*la*	*la*	*la*

ɔ̃	lœ	di zɛ‿	ta bi lœ		
On	**le**	**disait**	**habile,**		
one	*him*	*called*	*clever*		

kar	dɑ̃	la	grɑ̃ dœ	vi lœ	
car	**dans**	**la**	**grande**	**ville**	
for	*in*	*the*	*great*	*city*	

i‿	lɛ	dɛ	ma ʒi stra	
il	**est**	**des**	**magistrats!**	
he	*is*	*[one] of the*	*magistrates*	

a	a	a	a	a	a	a	a
Ah	**ah**	**ah**	**ah**	**ah**	**ah**	**ah**	**ha.**
ah	*ah*	*ah*	*ah*	*ah*	*ah*	*ah*	*ha*

i‿	lɛ	dɛ	re vɛr bɛ rœ	
Il est		**des**	**réverbères**	
there are		*of*	*streetlamps*	

vɑ̃ te	pur	lœr	ly mjɛ rœ	
vantés	**pour**	**leurs**	**lumières**	
praised	*for*	*their*	*lights*	

e	ki	ne klɛ rœ	pɑ	
et	**qui**	**n'éclairent**	**pas!**	
and	*which*	*not [they] illuminate*	*[not]*	

a	a	a	a	a	a	a	a
Ah	**ah**	**ah**	**ah**	**ah**	**ah**	**ah**	**ah.**
ah	*ah*	*ah*	*ah*	*ah*	*ah*	*ah*	*ah*

o	lɔ ʒi	dœ	la	bɛl	a	a
Au	**logis**	**de**	**la**	**belle,**	**ah**	**ah,**
to the	*dwelling*	*of*	*the*	*beautiful one*	*ah*	*ah*

œ̃	swar	kœ	sɑ̃	ʃɑ̃ dɛl	a	a
un	**soir**	**que**	**sans**	**chandelle,**	**ah**	**ah,**
one	*evening*	*when*	*without*	*candle*	*ah*	*ah*

il	vø	pɔr te	sɛ	pɑ		
il	**veut**	**porter**	**ses**	**pas,**		
he	*wants*	*to bear*	*his*	*steps*		

a	a	a	a	a	a	a	a
ah	**ah**	**ah**	**ah**	**ah**	**ah**	**ah**	**ah,**
ah	*ah*	*ah*	*ah*	*ah*	*ah*	*ah*	*ah*

lɛ ska lje	e tɛ	sɔ̃ brœ	
l'escalier	**était**	**sombre,**	
the stairway	*was*	*dark*	

e syr sɔ̃ ne dɑ̃ lɔ̃ brœ
et sur son nez, dans l'ombre,
and on his nose in the dark

il tɔ̃ bœ pa ta tra
il tombe! Patatras!
he falls crash

o ga lɑ̃ kɔ mi sɛ rœ
Ô galant commissaire,
oh gallant commissioner

a lɔr kœ vɛr si tɛ rœ
alors que vers Cythère
then when toward Cythera

vu pɔr tœ re vo pɑ
vous porterez vos pas,
you will bear your steps

a a a a a a a
ah ah ah ah ah ah ah ah,
ah ah ah ah ah ah ah ah

di o ʒɛ nə mɔ dɛr nœ
Diogène moderne,
Diogenes modern

prœ ne vɔ trœ lɑ̃ tɛr nœ
prenez votre lanterne,
take your lantern

dœ krɛ̃ tœ dœ fo pɑ
de crainte de faux pas!
for fear of false step

a a a a a a a
Ah ah ah ah ah ah ah ah.
ah ah ah ah ah ah ah ah

mɛ sɛ ka la ly mjɛr a a
Mais c'est qu'à la lumière, ah ah,
but it is that in the light ah ah

vu zo re pɛ na plɛr a a
vous aurez peine à plaire, ah ah!
you will have difficulty being pleasing ah ah

e dɛ kɔ̃ vu vɛ ra
Et dès qu'on vous verra,
and as soon as one you will see

a a a a a a a
ah ah ah ah ah ah ah ah,
ah ah ah ah ah ah ah ah

wi rjɛ̃ ka vɔ trœ fa sœ
oui, rien qu'à votre face,
yes, merely at your face

ɑ̃ fœ zɑ̃ la gri ma sœ
en faisant la grimace,
in making the grimace

la mur   sɑ̃ vɔ lœ ra
l'amour   s'envolera.
the love   will fly away

pur   kal me   sɔ̃   de li rœ
Pour   calmer   son   délire,
in order   to calm   his   frenzy

sɔ̃   nɔ̃   ʒœ   vɛ   lœ   di rœ
son   nom   je   vais   le   dire
his   name   I   am going   it   to tell

bjɛ̃   bɑ   tu   bɑ
bien   bas...   tout   bas...
quite   softly   completely   softly

nɔ̃   nɔ̃   ʒœ   nœ   lœ   di re   pɑ
Non,   non,   je   ne   le   dirai   pas!
no   no   I   not   it   shall say   [not]

la   la   la   la   la   la   la   la
La   la   la   la   la   la   la   la.
la   la   la   la   la   la   la   la

MIGNON

music: Ambroise Thomas

libretto: Jules Barbier and Michel Carré (after Goethe's novel *Wilhelm Meister's Lehrjahre*)

Je suis Titania

wi   pur   sœ   swar
Oui,   pour   ce   soir
yes   for   this   evening

ʒœ   sɥi   rɛ nœ   dɛ   fe œ
je   suis   reine   des   fées!
I   am   queen   of the   fairies

vwa si   mɔ̃   sɛp trœ   dɔr
Voici   mon   sceptre   d'or,
Here is   my   sceptre   of gold

e   vwa si   me   trɔ fe œ
et   voici   mes   trophées!
and   here are   my   trophies

ʒœ   sɥi   ti ta ni a   la   blɔ̃ dœ
Je   suis   Titania   la   blonde.
I   am   Titania   the   fair one

ʒœ   sɥi   ti ta ni a   fi jœ   dœ   lɛr
Je   suis   Titania,   fille   de   l'air!
I   am   Titania   daughter   of   the air

ɑ̃   ri ɑ̃   ʒœ   par kur   lœ   mɔ̃ dœ
En   riant,   je   parcours   le   monde
in   laughing   I   traverse   the   world

ply vi vœ kœ lwa zo
plus **vive** **que** **l'oiseau,**
more *animated* *than* *the bird*

ply prɔ̃ tœ kœ le klɛr
plus **prompte** **que** **l'éclair!**
more *quickly* *than* *the flash of lightning*

a ʒœ par kur lœ mɔ̃ dœ
Ah! **Je** **parcours** **le** **monde!**
ah *I* *traverse* *the* *world*

la tru pœ fɔ lœ dɛ ly tɛ̃
La **troupe** **folle** **des** **lutins**
the *troop* *merry* *of the* *sprites*

sɥi mɔ̃ ʃar ki vɔl
suit **mon** **char** **qui** **vole**
follows *my* *chariot* *which* *flies*

e dɑ̃ la nɥi fɥi
et **dans** **la** **nuit** **fuit!**
and *into* *the* *night* *recedes*

o tur dœ mwa tu tœ ma kur kur
Autour **de** **moi** **toute** **ma** **cour** **court,**
around *of* *me* *all* *my* *court* *runs*

ʃɑ̃ tɑ̃ lœ plɛ si‿ re la mur
chantant **le** **plaisir** **et** **l'amour!**
singing *the* *pleasure* *and* *the love*

la tru pœ fɔ lœ dɛ ly tɛ̃
La **troupe** **folle** **des** **lutins**
the *troop* *merry* *of the* *sprites*

sɥi mɔ̃ ʃar ki vɔl
suit **mon** **char** **qui** **vole**
follows *my* *chariot* *which* *flies*

e dɑ̃ la nɥi fɥi
et **dans** **la** **nuit** **fuit**
and *into* *the* *night* *recedes*

o rɛ jɔ̃ dœ fe be ki lɥi
au **rayon** **de** **Phœbé,** **qui** **luit!**
at the *ray* *of* *Phoebus* *which* *gleams*

par mi lɛ flœr
Parmi **les** **fleurs**
among *the* *flowers*

kœ lɔ rɔ rœ fɛ‿ te klɔ rœ
que **l'aurore** **fait** **éclore,**
which *the dawn* *makes* *to bloom*

par lɛ bwɑ‿ ze
par **les** **bois** **et**
through *the* *woods* *and*

par lɛ pre di a pre
par **les** **prés** **diaprés,**
through *the* *meadows* *multi-colored*

390

syr	le	flo	ku vɛr	de ky mœ
sur	**les**	**flots**	**couverts**	**d'écume,**
over	*the*	*waves*	*covered*	*with foam*

dɑ̃	la	bry mœ	ɔ̃	mœ	vwa
dans	**la**	**brume,**	**on**	**me**	**voit**
in	*the*	*mist*	*one*	*me*	*sees*

dœ̃	pje	le ʒe	vɔl ti ʒe
d'un	**pied**	**léger**	**voltiger!**
with a	*foot*	*light*	*to flutter*

dœ̃	pje	le ʒe
D'un	**pied**	**léger,**
with a	*foot*	*light*

par	lɛ	bwɑ	par	lɛ	pre
par	**les**	**bois,**	**par**	**les**	**prés,**
through	*the*	*woods*	*through*	*the*	*meadows*

e	dɑ̃	la	brym
et	**dans**	**la**	**brume,**
and	*in*	*the*	*mist*

ɔ̃	mœ	vwa	vɔl ti ʒe
on	**me**	**voit**	**voltiger!**
one	*me*	*sees*	*to flutter*

a	vwa la	ti ta ni a
Ah!	**Voilà**	**Titania!**
ah	*there is*	*Titania*

ABOUT THE GERMAN IPA TRANSLITERATIONS
by Irene Spiegelman

TRANSLATIONS

As every singer has experienced, word-by-word translations are usually awkward, often not understandable, especially in German where the verb usually is split up with one part in second position of the main clause and the rest at the end of the sentence. Sometimes it is a second verb, sometimes it is a little word that looks like a preposition. Since prepositions never come by themselves, these are usually *separable prefixes to the verb*. In order to look up the meaning of the verb this prefix has to be reunited with the verb in order to find the correct meaning in the dictionary. They cannot be looked up by themselves. Therefore, in the word-by-word translation they are marked with ¹) and do not show any words.

Note: In verbs with separable prefixes, the prefix gets the emphasis. If a separable prefix appears at the end of the sentence, it still needs to be stressed and since many of them start with vowels they even might be glottaled for emphasis.

Also, there are many *reflexive verbs* in German that are not reflexive in English, also the reflexive version of a verb in German often means something very different than the meaning found if the verb is looked up by itself. Reflexive pronouns that are grammatically necessary but do not have a meaning by themselves do not show a translation underneath. They are marked with ²).

Another difference in the use of English and German is that German is using the Present Perfect Tense of the verb where English prefers the use of the Simple Past of the verb. In cases like that, the translation appears under the conjugated part of the verb and none underneath the past participle of the verb at the end of the sentence. Those cases are marked with ³).

One last note concerning the translations: English uses possessive pronouns much more often then German does. So der/die/das in German have at appropriate points been translated as my/your/his.

PRONUNCIATION (EXTENDED IPA SYMBOLS)

The IPA symbols that have been used for the German arias are basically those used in Langenscheidt dictionaries. Other publications have refined some symbols, but after working with young singers for a long time, I find that they usually don't remember which is which sign when the ones for long closed vowels (a and ɑ, or ʏ and y) are too close, and especially with the signs for the open and closed u-umlauts they usually cannot tell which they handwrote into their scores. To make sure that a vowel should be closed there is ":" behind the symbol, i.e. [by:p laɪn]

After having been encouraged to sing on a vowel as long as possible, often the consonants are cut too short. The rule is, **"Vowels can be used to make your voice shine, consonants will help your interpretation!"** This is very often totally neglected in favor of long vowels, even when the vowels are supposed to be short. Therefore, double consonants show up here in the IPA line. This suggests that they should at least not be neglected. There are voiced consonants on which it is easy to sing (l, m, n) and often give the text an additional dimension. That is not true for explosive consonants (d, t, k), but they open the vowels right in front of them. So the double consonants in these words serve here as reminders. German does not require to double the consonants the way Italian does, but that Italian technique might help to move more quickly to the consonant, and therefore open the vowel or at least don't stretch it, which sometimes turns it into a word with a different meaning altogether.

One idea that is heard over and over again is: "There is no legato in German." The suggestions that are marked here with ⇨ in the IPA line show that **that is not true.** Always elided can be words ending in a vowel with the next word beginning with a vowel. Words that end with a -t sound can be combined with the next word that starts with a t- or a d-. A word ending in -n can be connected to the following beginning -n. But words ending in consonants can also be elided with the next word starting with a vowel. (example: Dann [dan⇨n] könnt' [kœn⇨n⇨] ich [⇨tɪç] mit [mɪt] Fürsten ['fʏr stən] mich ['mɛs⇨sən]). In this example, the arrow symbol suggests to use the double consonant, but also that the end-t in "könnt'" could be used at the beginning of "ich" which makes the word "ich" much less important (which it usually is in German), and could help to shape the words "Fürsten" and "messen" with more importance.

Within the IPA line, sometimes the "⇨" symbol is only at the end of a word and means that combining this word with the next is absolutely possible if it helps the interpretation of the text or the singer does not want to interrupt the beauty of the musical line. The same fact is true if the "⇨" symbol appears within a word and suggests combining syllables. (Since English syllables are viewed differently than German syllables, the IPA line is broken down into German syllables with suggestions for vocal combinations.) The only consonant that should not be combined with the next word is "r," because there are too many combinations that form new words (example: der Eine, the one and only, should not become [de: raɪ nə], the pure one).

One last remark about pronunciation that seems to have become an issue in the last few years: How does one pronounce the a-umlaut = ä. Some singers have been told in their diction classes that ä is pronounced like a closed e. That may be the case in casual language and can be heard on German television. But when the texts that we are dealing with were written the sound was either a long or short open e sound ['mɛ: tçən, ʃpɛːt, 'hɛl tə].

Considering the language, how does one make one's voice shine and still use the text for a sensible interpretation? Look for the words within a phrase that are important to you as the interpreter, as the person who believes what he/she is conveying. In those words use the consonants as extensively as possible. [zzze: llə] and [llli: bə] are usually more expressive than [ze: lə] and [li: bə] , also glottal the beginning vowels. Use the surrounding words for singing legato and show off the voice.

The IPA line not only shows correct pronunciation but is also giving guidelines for interpretation. For instance, R's may be rolled or flipped, or words may be connected or separated at any time as long as they help you with your feeling for the drama of the text. But you are the person who has to decide! Be discriminating! Know what you want to say! Your language will fit with the music perfectly.

THE "R" IN GERMAN DICTION

When most Germans speak an "r" in front of a vowel, it is a sound produced between the far back of the tongue and the uvula, almost like a gargling sound. The r's at the end of syllables take on different sounds and often have a vowel-like quality.

In classical singing, the practice is to use "Italian r's". Since trilling the r at the tip of the tongue seems to be easy for most singers, many texts are rendered with any overdone r's, which are remotely possible. As a result, the r's take over the whole text and diminish the meaning and phrasing of the sentences. By being discriminating in using rolled r's in an opera text, the phrasing, i.e. interpretation, as well as the chance of understanding the sung text can be improved.

Essentially, there are three categories of words with different suggestions about the use of r's:

ALWAYS ROLL THE R	END-R'S IN SHORT ONE-SYLLABLE WORDS	END-R'S IN PREFIXES AND SUFFIXES
a) before vowels: Rose ['ro: zə] tragen ['tra: gən] sprechen ['ʃprɛ: xən] Trug [tru:k] führen ['fy: rən] b) after vowels in the main syllable of the word: bergen ['bɛr gən] Herz [hɛrts] Schwert [ʃve:rt] durch [dʊrç] geworben [gə 'vɔr bən] hart [hart]	End-r's in short one-syllable words that have a closed vowel can be replaced with a short a-vowel, marked in the IPA line with ᵃ. der [de:ᵃ] er [e:ᵃ] wir [vi:ᵃ] hier [hi:ᵃ] vor [fo:ᵃ] nur [nu:ᵃ] **Note:** **After an a-vowel a replacement of r by ᵃ would not sound. Therefore end-r's after any a should be rolled.** **war [va:r]** **gar [ga:r]**	Prefixes: ver- er- zer- Here, e and r could be pronounced as a schwa-sound, almost like a short open e combined with a very short ᵃ. If desired, the r could also be flipped with one little flip in order not to overpower the main part of the word which is coming up. In the IPA-line this is marked with ʀ. verbergen [fɛʀ 'bɛr gən] erklären [ɛʀ 'klɛ: rən] Suffix: -er These suffixes are most of the time not important for the interpretation of the text. Therefore, the schwa-sound as explained above works in most cases very well. It is marked in the IPA-line with ɚ. e-Suffixes are marked with ə. guter ['gu: tɚ] gute ['gu: tə] Winter ['vɪn tɚ] Meistersinger ['maɪ stɚ sɪ ŋɚ] (compound noun, both parts end in -er)

ARIADNE AUF NAXOS
music: Richard Strauss
libretto: Hugo von Hofmannsthal (after Hofmannsthal's German translation of Molière's play, *Le Bourgeois Gentilhomme*)

Großmächtige Prinzessin…Noch glaub' ich dem einen ganz mich gehörend

gro:s mɛç ti: gə   prɪn tsɛs⇨ sɪn
Großmächtige   **Prinzessin,**
Mightiest   *princess,*

ve:ᵃ   fɛʀ 'ʃtʏn də   nɪçt
wer   **verstünde**   **nicht,**
who   *understand*   *would not,*

das⇨   zo: ɛʀ 'laʊx tɚ   ʊnt   ɛʀ 'ha: bə nɚ   pɛʀ 'zo: nən   'traʊ rɪç kaɪt
dass   **so**   **erlauchter**   **und**   **erhabener**   **Personen**   **Traurigkeit**
that   *such*   *noble*   *and*   *sublime*   *persons'*   *sadness*

mɪt⇨   'aɪ nəm   'an də rən   ma:s   gə 'mɛs⇨ sən   've:r dən   mʊss
mit   **einem**   **anderen**   **Maß**   **gemessen**   **werden**   **muss**
with   *an*   *other*   *standard*   *measured*   *be*   *must*

als   de:ᵃ   gə 'maɪ nən   ʃtɛrp⇨ lɪ çən
als   **der**   **gemeinen**   **Sterblichen.**
than   *the*   *ordinary*   *mortals.*

je: 'dɔx   zɪnt   vi:ᵃ   nɪçt   'fraʊ ən   'ʊn tɚ   ʊns
Jedoch,   **sind**   **wir**   **nicht**   **Frauen**   **unter**   **uns,**
But   *are*   *we*   *not*   *women*   *among*   *ourselves,*

ʊnt⇨   ʃlɛ:kt⇨   dɛnn   nɪçt⇨   ɪn   'je: dɚ   brʊst
und   **schlägt**   **denn**   **nicht**   **in**   **jeder**   **Brust**
and   *beats*   *after all*   *not*   *in*   *every*   *breast*

aɪn   'ʊn bə 'graɪf lɪç   hɛrts
ein   **unbegreiflich**   **Herz?**
an   *inexplicable*   *heart?*

fɔn   'ʊn zrɚ   'ʃvax⇨ haɪt   'ʃprɛ xən
Von   **unsrer**   **Schwachheit**   **sprechen,**
About   *our*   *weakness*   *speak,*

zi: ʊns⇨   'zɛl bɚ   'aɪn gə 'ʃte:n
sie   **uns**   **selber**   **eingestehn,**
it   *to us*   *ourselves*   *admit*

ɪs⇨   ⇨təs   nɪçt⇨   'ʃmɛrts lɪç   zy:s
ist   **es**   **nicht**   **schmerzlich**   **süß?**
is   *it*   *not*   *painfully*   *sweet?*

ʊnt⇨   tsʊkt⇨   ʊns⇨   nɪçt⇨   de:ᵃ   zɪnn   da 'nax
Und   **zuckt**   **uns**   **nicht**   **der**   **Sinn**   **danach?**
And   *thrill*   *us*   *do not*   *our*   *senses*   *for it?*

zi: vɔl⇨ lən   mɪç   nɪçt   hø: rən
Sie   **wollen**   **mich**   **nicht**   **hören…**
You   *want*   *me*   *do not*   *hear…*

ʃø:n⇨   ʊnt   ʃtɔlts⇨   ʊnt   're: gʊŋs lo:s
schön   **und**   **stolz**   **und**   **regungslos,**
beautiful   *and*   *proud*   *and*   *motionless*

als   'vɛ: rən   zi: di: ʃta: tu: ə **or** sta: tu: ə
als   **wären**   **Sie**   **die**   **Statue**
as if   *were*   *you*   *the*   *statue*

aʊf 'iː rɐ 'aɪ gnən grʊft
auf Ihrer eignen Gruft.
on your own tomb.

ziː 'vɔl⇨ lən 'kaɪ nə 'an də rə fɛʁ 'traʊ tə
Sie wollen keine andere Vertraute
You want no other confidant

als 'diː zən fɛls⇨ ʊnt⇨ diː zə 'vɛl⇨ lən 'ha bən
als diesen Fels und diese Wellen haben?
than this rock and these waves to have?

prɪn 'tsɛs⇨ sin 'høː rən ziː mɪç an
Prinzessin, hören Sie mich an—
Princess, listen you to me [1])

nɪçt ziː 'al⇨ laɪn viːᵃ 'al⇨ lə ax viːᵃ al⇨ lə
nicht Sie allein, wir alle ach, wir alle
not you alone, we all ah, we all

vas iːᵃ hɛrts ɛʁ 'ʃtart
was ihr Herz erstarrt...
what your heart numbs...

veːᵃ ɪst⇨ diː fraʊ
wer ist die Frau,
who is the woman

diː ɛs⇨ nɪçt⇨ 'dʊrç gə' lɪt⇨tən hɛtə
die es nicht durchgelitten hätte?
who it did not suffered through had

fɛʁ 'las⇨ sən ɪn fɛʁ 'tsvaɪ flʊŋ 'aʊs gə zɛtst
Verlassen! In Verzweiflung! Ausgesetzt!
Abandoned! In despair! Deserted!

ax 'zɔl çɐ 'vyː stən 'ɪn zɛln zɪnt 'ʊn 'tsɛː li gə
Ach, solcher wüsten Inseln sind unzählige
Ah, of those waste islands are innumerable

aʊx 'mɪt⇨ tən 'ʊn tɐ 'mɛn ʃən
auch mitten unter Menschen.
even in the midst of people.

ɪç ɪç 'zɛl bɐ 'ha bə 'iː rɐ 'meː rə rə bə 'voːnt
Ich, ich selber habe ihrer mehrere bewohnt
I, I myself inhabited of them several [3])

ʊnt 'ha bə nɪçt gə 'lɛrnt
und habe nicht gelernt,
and learn did not [3])

diː 'mɛn⇨ nɐ tsuː fɛʁ 'fluː xən
die Männer zu verfluchen.
the men to curse.

'trɔy loːs ziː zɪnts
Treulos, sie sind's!
Faithless, they are that!

'ʊn gə 'hɔy ɐ 'oː nə 'grɛn tsən
Ungeheuer, ohne Grenzen!
Monstrous, without limits!

aɪ nə 'kʊr tsə naxt aɪn 'ha sti: gɚ ta:k
Eine **kurze** **Nacht,** **ein** **hastiger** **Tag,**
A *short* *night,* *a* *passionate* *day,*

aɪn 've: (h)ən de:ᵃ lʊft
ein **Wehen** **der** **Luft,**
a *flutter* *of the* *breeze,*

aɪn 'fli: sən dɚ blɪk fɛr 'van dəlt i:ᵃ hɛrts
ein **fließender** **Blick** **verwandelt** **ihr** **Herz!**
a *fleeting* *glance* *transform* *their* *heart!*

a: bɚ zɪnt vi:ᵃ dɛn⇒n ge 'faɪt
Aber **sind** **wir** **denn** **gefeit**
But *are* *we* *yet* *immune*

'ge: gən di: 'grau za: mən ɛnt⇒ tsʏk⇒ kən dən
gegen **die** **grausamen,** **entzückenden,**
against *those* *cruel,* *delightful,*

di: 'ʊn bə 'graɪ flɪ çɛn fɛr 'wan⇒tlʊ ŋən
die **unbegreiflichen** **Verwandlungen?**
those *inconceivable* *transformations?*

nɔx glau⇒ ⇒bɪç de:m 'aɪ nən
Noch **glaub'** **ich** **dem** **einen**
So far *believe* *I* *to the* *one*

gants mɪç gə 'hø: rənt nɔx maɪ⇒ ⇒nɪç
ganz **mich** **gehörend,** **noch** **mein'** **ich**
totally *myself* *belonging,* *so far* *think* *I*

mi:ᵃ 'zɛl bɚ zo: 'zɪ çɚ tsu: zaɪn
mir **selber** **so** **sicher** **zu** **sein,**
of me *myself* *so* *sure* *to* *be,*

da: mɪʃ⇒ ⇒tsɪç⇒ ɪm 'hɛr tsən
da **mischt** **sich** **im** **Herzen**
there *mingles* *²)* *in my* *heart*

'laɪ zə bə 'tø: rənt
leise **betörend**
gently *infatuating*

ʃo:n ai nɚ ni: gə 'kɔ stə tən 'fraɪ haɪt
schon **einer** **nie** **gekosteten** **Freiheit,**
already *of a* *never* *tried* *freedom,*

ʃo:n ai nɚ 'nɔy ən fɛr 'ʃto: lə nən li: bə
schon **einer** **neuen** **verstohlenen** **Liebe**
already *of a* *new* *furtive* *love*

'ʃvaɪ fən dəs 'frɛ çəs gə 'fy: lə zɪç aɪn.
schweifendes, **freches** **Gefühle** **sich** **ein.**
gliding, *brazen* *feeling* *²)* *¹)*

nɔx bɪn⇒ ɪç va:r
Noch **bin** **ich** **wahr**
So far *am* *I* *sincere*

ʊnt⇒ dɔx ɪst⇒ ɛs gə 'lo: gən
und **doch** **ist** **es** **gelogen,**
and *yet* *is* *it* *deceptive,*

ɪç   'hal tə   mɪç   trɔy   ʊnt bɪn   ʃo:n   ʃlɛçt
ich   halte   mich   treu   und bin   schon   schlecht,
I   consider   myself   true   and am   already   bad,

mɪt   'fal ʃən   gə 'vɪç tən   vɪrt   al⇨ ləs   gə 'vo: gən
mit   falschen   Gewichten   wird   alles   gewogen
with   false   expectations   is   everything   measured

ʊnt   halp   mɪç   vɪs⇨ sənt
und   halb   mich   wissend
and   partially   myself   knowing

ʊnt   halp⇨   ɪm   'tau məl
und   halb   im   Taumel
and   partially   in   ecstasy

bə 'try:k⇨   ɪç⇨   i:n   'ɛnt lɪç
betrüg'   ich   ihn   endlich
betray   I   him   finally

ʊnt   li:p⇨   i:n⇨   ⇨nɔx   rɛçt
und   lieb'   ihn   noch   recht.
and   love   him   still   really.

zo: va:r   ɛs   mɪt   pal ja tso: ʊnt   mɛ tzə ti:n
So   war   es   mit   Pagliazzo   und   Mezzetin!
That's how   was   it   with   Pagliazzo   and   Mezzetin!

dann   va:r   ɛs   ka vi: kɪo   dann   bu: ra: ti:n
Dann   war   es   Cavicchio,   dann   Buratin,
Then   was   it   Cavicchio,   then   Buratin,

dann   pas kva riɛl lo
dann   Pasquariello!
then   Pasquariello!

ax   ʊnt⇨   tsu: 'vaɪ lən   vɪll⇨   ɛs   miᵃ   'ʃai nən
Ach   und   zuweilen   will   es   mir   scheinen,
Ah   and   at times   wants   it   to me   to seem

va: rən   ɛs   tsvaɪ
waren   es   zwei!
were   it   two!

dɔx   'ni: mals   'lau nən   ɪm⇨ mə   aɪn   'mʏs⇨ sən
Doch   niemals   Launen,   immer   ein   Müssen,
But   never   whims,   always   an   urge,

ɪm⇨ mə   aɪn   'nɔy əs   bə 'klɔm⇨mə nəs   'ʃtau nən   das
immer   ein   neues,   beklommenes   Staunen: dass
always   a   new,   anxious   amazement: that

aɪn   hɛrts   zo: 'gar   zɪç   'zɛl bə   nɪçt   fɛʀ 'ʃte:t
ein   Herz   sogar   sich selber   nicht   versteht.
a   heart   even   itself   does not   understand.

als⇨   aɪn   gɔtt   ka:m   'je: də   gə 'ga ŋən
Als   ein   Gott   kam   Jeder   gegangen,
Like   a   god   came   everyone   strolling in

ʊnt⇨   zaɪn   ʃrɪtt⇨   ʃo:n   'max tə   mɪç   ʃtʊmm
und   sein   Schritt   schon   machte   mich   stumm,
and   his   step   already   made   me   speechless,

'kʏss tə   eːᵃ   miːᵃ   ʃtɪrn⇨   ʊnt   'va ŋən
küsste   er   mir   Stirn   und   Wangen,
kissed   he   my   forehead   and   cheeks,

vaːr   ɪç   fɔn   deːm   gɔtt   gə 'fa ŋən
war   ich   von   dem   Gott   gefangen
was   I   by   the   god   captivated

ʊnt   gɛ 'van dəlt   ʊm⇨   ʊnt   ʊm
und   gewandelt   um   und   um.
and   transformed   over   and   over.

als⇨   aɪn   gɔtt   kaːm   'jeː də˞   gə 'ga ŋən
Als   ein   Gott   kam   Jeder   gegangen,
Like   a   god   came   everyone   strolling in,

'je də˞   'van dəl tə   mɪç   ʊm
Jeder   wandelte   mich   um,
everyone   transformed   me   ¹)

'kʏss tə   eːᵃ   miːᵃ   mʊnt⇨   ʊnt   'va ŋən
küsste   er   mir   Mund   und   Wangen,
kissed   he   my   mouth   and   cheeks,

'hɪn gə 'geː bən   vaːr   ɪç   ʃtʊmm
hingegeben   war   ich   stumm.
devotedly   was   I   silent.

kaːm   deːᵃ   'nɔy ə   gɔtt   gə 'ga ŋən
Kam   der   neue   Gott   gegangen,
Came   the   new   god   strolling in

'hɪn gə 'geː bən   vaːr   ɪç   ʃtʊmm
hingegeben   war   ich   stumm...
devotedly   was   I   silent...

¹) Separable prefixes to the verbs "anhören" (listen), "sich <u>ein</u>mischen" (mingle)

²) Reflexive pronoun to the verb "<u>sich</u> einmischen" (mingle) which is not reflexive in English.

³) Present perfect tense of the verb in German is usually used in simple past in English:
       habe bewohnt - inhabited
       habe gelernt - learned

DIE ENTFÜHRUNG AUS DEM SERAIL
music: Wolfgang Amadeus Mozart
libretto: Gottlieb Stephanie the younger (after a libretto by Christoph Friedrich Bretzner)

Durch Zärtlichkeit und Schmeicheln

dʊrç   'tsɛr⇨ tlɪç kaɪt   ʊn⇨   'tʃmaɪ çəln
Durch   Zärtlichkeit   und   Schmeicheln,
Through   tenderness   and   flattery

gə 'fɛl⇨ lɪç kaɪt⇨   ʊn⇨   'tʃɛr tsən
Gefälligkeit   und   Scherzen
kindness   and   joking

ɛʁ 'oː bəʁ⇨   tman   diː   'hɛr tsən
erobert   man   die   Herzen
conquers   one   the   hearts

de:ᵃ	'gu: tən	'mɛː⇨ tçən	laɪçt
der	**guten**	**Mädchen**	**leicht.**
of	*good-natured*	*girls*	*easily.*

dɔx	'mʏr⇨ rɪ ʃəs	bə 'fe: lən
Doch	**mürrisches**	**Befehlen**
But	*grumpy*	*ordering around*

ʊnt	'pɔl təʀn	'tsaŋ kən	'pla: gən
und	**Poltern,**	**Zanken,**	**Plagen**
and	*rumbling*	*wrangling*	*plaguing*

maxt⇨	das	ɪn	've: nɪç	'ta: gən
macht,	**dass**	**in**	**wenig**	**Tagen**
cause	*that*	*within*	*few*	*days*

zo:	li:p⇨	als	trɔʏ	ən⇨ tvaɪçt
so	**Lieb'**	**als**	**Treu'**	**entweicht.**
as well	*love*	*as*	*loyalty*	*disappear.*

DIE FLEDERMAUS
music: Johann Strauss, Jr.
libretto: Carl Haffner and Richard Genée (after a French vaudeville, *Le Réveillon*, by Meilhac and Halévy)

Mein Herr Marquis

maɪn	hɛrr	mar 'ki:	aɪn	man	vi:	zi:
Mein	**Herr**	**Marquis,**	**ein**	**Mann**	**wie**	**Sie**
My	*Sir*	*Marquis,*	*a*	*man*	*like*	*you*

zɔlt	bɛs⇨sɚ	das	fɛʀ 'ʃteːn
sollt'	**besser**	**das**	**versteh'n!**
should	*better*	*than that*	*behave!*

'da: rʊm	'ra: tə	ɪç
Darum	**rate**	**ich,**
Therefore	*advise*	*I*

ja:	gə 'naʊ ɚ	zɪç	di:	'lɔʏ tə	'an tsu: 'zeːn
ja	**genauer**	**sich**	**die**	**Leute**	**anzuseh'n!**
please	*more closely*	*at*	*the*	*people*	*to look!*

di:	hant	ɪst⇨	dɔx	vo:l	gar tsu:	faɪn
Die	**Hand**	**ist**	**doch**	**wohl**	**gar zu**	**fein,**
My	*hand*	*is*	*for*	*sure*	*much too*	*delicate,*

di:s	'fy:⇨sçən	zo:	'tsi:r lɪç	ʊnt	klaɪn
dies	**Füßchen**	**so**	**zierlich**	**und**	**klein.**
my	*little foot*	*so*	*graceful*	*and*	*tiny.*

di:	'ʃpra: xə	di:	ɪç	'fy: rə
Die	**Sprache,**	**die**	**ich**	**führe,**
The	*conversation*	*that*	*I*	*conduct,*

di:	'tal jə	di:	tʊr 'ny: rə
die	**Taille,**	**die**	**Tournüre,**
my	*waistline,*	*my*	*shape,*

de:r'glaɪ çən	'fɪn dən	zi:	baɪ	'ai nə	'tso: fə	ni:
dergleichen	**finden**	**Sie**	**bei**	**einer**	**Zofe**	**nie!**
all that	*will find*	*you*	*in*	*a*	*chambermaid*	*never!*

gə 'ʃte: (h)ən	'mʏs⇒ sən	zi:	fy:r 'va:r
Gestehen	**müssen**	**Sie**	**fürwahr:**
Admit	*must*	*you*	*truly:*

ze:ᵃ	'ko: mɪʃ	'di: zɚ	'ɪr tu:m	va:r
sehr	**komisch**	**dieser**	**Irrtum**	**war.**
very	*funny*	*this*	*mistake*	*was.*

ja:	ze:ᵃ	'ko: mɪʃ
Ja,	**sehr**	**komisch**
Yes,	*very*	*funny*

ɪst⇒	di:	'za xə
ist	**die**	**Sache.**
is	*this*	*event.*

drʊm	feʀ 'tsaɪn	zi:
Drum	**verzeih'n**	**Sie,**
Therefore	*forgive*	*you (me),*

vɛn	ɪç	'la xə
wenn	**ich**	**lache.**
if	*I*	*laugh.*

ax	ze:ᵃ	'ko: mɪʃ	hɛrr	mar 'ki:	zɪnt	zi:
Ach,	**sehr**	**komisch,**	**Herr**	**Marquis,**	**sind**	**Sie!**
ah,	*very*	*funny,*	*Sir*	*Marquis,*	*are*	*you!*

mɪt⇒	de:m	pro: 'fi:l	ɪm	'gri:ç⇒ ʃən	sti:l or ʃti:l
Mit	**dem**	**Profil**	**im**	**griech'schen**	**Stil**
With	*this*	*profile*	*in the*	*Grecian*	*style*

bə 'ʃɛŋk tə	mɪç	na 'tu:r
beschenkte	**mich**	**Natur.**
endowed	*me*	*nature.*

vɛn⇒	nɪçt⇒	di:s	gə 'zɪçt
Wenn	**nicht**	**dies**	**Gesicht**
If	*not*	*this*	*face*

ʃo:n	gə 'ny: gənt	ʃprɪçt
schon	**genügend**	**spricht,**
already	*enough*	*convinces,*

zo:	ze:n	zi:	di:	fi: 'gu:r
so	**seh'n**	**Sie**	**die**	**Figur!**
then	*inspect*	*(you)*	*my*	*figure!*

ʃaʊn	dʊrç	di:	lɔrn 'jɛt⇒ tə	zi:	dan
Schau'n	**durch**	**die**	**Lorgnette**	**Sie**	**dann,**
Examine	*with*	*your*	*lorgnette*	*(you)*	*then,*

zɪç	'di: zə	toa 'lɛt⇒ tə	nu:ᵃ	an
sich	**diese**	**Toilette**	**nur**	**an.**
²)	*this*	*outfit*	*only.*	¹)

mi:ᵃ	ˈʃaɪ nət⇨	vo:l	di:	ˈli: bə
Mir	**scheinet**	**wohl,**	**die**	**Liebe**
To me	*(it) appears*	*certainly*	*that*	*love*

maxt	ˈi: rə	ˈaʊ gən	ˈtry: bə
macht	**Ihre**	**Augen**	**trübe;**
is making	*your*	*eyes*	*blurry;*

de:ᵃ	ˈʃø: nən	ˈtso: fə	bɪlt
Der	**schönen**	**Zofe**	**Bild**
The	*beautiful*	*chambermaid's*	*image*

hat	gants	i:ᵃ	hɛrts	ɛʀ ˈfʏlt
hat	**ganz**	**Ihr**	**Herz**	**erfüllt!**
filled	*totally*	*your*	*heart!*	³)

nu:n	ˈze: (h)ən	zi:	zi:	ˈy: bɚ ˈal
Nun	**sehen**	**Sie**	**sie**	**überall;**
Now	*see*	*you*	*her*	*everywhere;*

ze:ᵃ	ˈko: mɪʃ	ɪst	fy:r ˈva:r	de:ᵃ	fall
sehr	**komisch**	**ist**	**fürwahr**	**der**	**Fall.**
very	*funny*	*is*	*truly*	*this*	*event.*

¹)   Separable prefix to the verb "anschauen" = examine
²)   Reflexive pronoun to the verb "sich anschauen." The verb is not reflexive in English, therefore no translation.
³)   "hat erfüllt" is present perfect tense in German and widely used, in English it should be simple past tense.

Spiel' ich die Unschuld vom Lande

ʃpi:⇨	⇨lɪç	di:	ˈʊn ʃʊlt	fɔm	ˈlan də
Spiel'	**ich**	**die**	**Unschuld**	**vom**	**Lande,**
Play	*I*	*the*	*innocence*	*from the*	*country,*

na: ˈty:r lɪç	ɪm	ˈkʊr tsən	gə ˈvan də
natürlich	**im**	**kurzen**	**Gewande,**
naturally,	*in a*	*short*	*dress,*

zo:	hʏp⇨	⇨fɪç	gants	nɛk⇨ kɪʃ	ʊm ˈhe:ᵃ
so	**hüpf'**	**ich**	**ganz**	**neckisch**	**umher,**
then	*skip*	*I*	*very*	*imprudently*	*around*

als	ɔp⇨	ɪç⇨	aɪn	ˈaɪç kat⇨tsɚl	vɛ:ᵃ
als	**ob**	**ich**	**ein**	**Eichkatzerl**	**wär'!**
as	*if*	*I*	*a*	*squirrel*	*were!*

ʊnt	kɔmmt⇨	aɪn	ˈzaʊ brɚ	ˈjʊ ŋɚ	mann
Und	**kommt**	**ein**	**saub'rer**	**junger**	**Mann,**
And	*comes*	*an*	*attractive*	*young*	*man,*

zo:	ˈblɪn tslə	ɪç	ˈlɛ çɛlnt	i:n	an
so	**blinzle**	**ich**	**lächelnd**	**ihn**	**an,**
then	*wink*	*I*	*smilingly*	*(at) him*	¹)

dʊrç	di:	ˈfɪ ŋɚ	tsvar	nu:ʀ
durch	**die**	**Finger**	**zwar**	**nur**
through	*my*	*fingers*	*that is*	*only*

als⇨	aɪn	kɪnt⇨	de:ᵃ	na: ˈtu:ʀ
als	**ein**	**Kind**	**der**	**Natur,**
as	*a*	*child*	*of*	*nature,*

unt⇨	tsʊpf	an	'mai nəm	'ʃʏr tzən 'bant
und	**zupf'**	**an**	**meinem**	**Schürzenband;**
and	*pluck*	*at*	*my*	*apron string;*

zo:	fɛŋt	man	'tʃpa tsən	aʊf	de:m	lant
so	**fängt**	**man**	**d'Spatzen**	**auf**	**dem**	**Land.**
that's how	*catches*	*one*	*the sparrows*	*in*	*the*	*country.*

ʊnt	fɔlkt	e:ᵃ	mi:ᵃ	vo: 'hɪn⇨	ɪç	ge:
Und	**folgt**	**er**	**mir,**	**wohin**	**ich**	**geh',**
And	*follows*	*he*	*me*	*where ever*	*I*	*go,*

zak⇨	ɪç	na 'i:f	zø:	ʃlɪm⇨ mə	zø:
sag'	**ich**	**naiv:**	**Sö**	**Schlimmer,**	**Sö!**
say	*I*	*naively:*	*You*	*scoundrel,*	*you!*

zɛts	mɪç	tsu:	i:m	ɪns	gra:s⇨	zo: 'dann
Setz'	**mich**	**zu**	**ihm**	**ins**	**Gras**	**sodann**
Sit down	²)	*next to*	*him*	*into the*	*grass*	*then*

ʊnt	faŋ	aʊf	tlɛtst	tsu:	zɪ ŋən	an
und	**fang'**	**auf**	**d'letzt**	**zu**	**singen**	**an:**
and	*start*	*in*	*the end*	*to*	*sing.*	¹)

la: la: la:
La, la, la...!
La, la, la...!

vɛnn	zi:	das	gə 'ze:n
Wenn	**Sie**	**das**	**gesehn,**
Once	*you*	*that*	*have seen,*

mʏs⇨ sən	zi:	gə 'ʃte:n
müssen	**Sie**	**gestehn,**
must	*you*	*admit*

ɛs	vɛ:r	de:ᵃ	'ʃa: dən⇨	nɪçt	gə 'rɪŋ
es	**wär'**	**der**	**Schaden**	**nicht**	**gering,**
it	*would be*	*a*	*damage,*	*not*	*small,*

vɛnn	mɪt	de:m	ta 'lɛnt
wenn	**mit**	**dem**	**Talent,**
if	*with*	*such*	*talent*

ɪç	nɪçt⇨	tsʊm	te: a: tə	gɪŋ
ich	**nicht**	**zum**	**Theater**	**ging!**
I	*not*	*to the*	*theater*	*would go!*

ʃpi:l⇨	ɪç	'aɪ nə	'kø: ni: gin
Spiel'	**ich**	**eine**	**Königin,**
Play	*I*	*a*	*queen,*

ʃraɪt⇨	ɪç	'ma jɛs' tɛ: tɪʃ	hɪn
schreit'	**ich**	**majestätisch**	**hin!**
stride	*I*	*majestically*	*around!*

nɪk⇨ kə	hi:ᵃ	ʊnt	nɪk⇨ kə	da:
Nicke	**hier**	**und**	**nicke**	**da,**
Nod	*this direction*	*and*	*nod*	*that direction,*

ja: gants   ɪn   'mai nɚ   glo: ri: a:
ja   **ganz**   **in**   **meiner**   **Gloria!**
well,   *totally*   *in*   *my*   *glory!*

al⇨ ləs   maxt   fɔll   'e:r fʊrçt   mi:ᵃ   ʃpa: li:ʀ
Alles   **macht**   **voll**   **Ehrfurcht**   **mir**   **Spalier,**
Everyone   *gives*   *full of*   *awe*   *to me*   *way,*

lauʃt⇨   de:n   'tø: nən   'mai nəs⇨   zaŋs
lauscht   **den**   **Tönen**   **meines**   **Sang's.**
listens   *to the*   *sounds*   *of my*   *singing.*

lɛ: çɛlnt   ɪç   das   raiç⇨   ʊnt   fɔlk   re: 'gi:ʀ
Lächelnd   **ich**   **das**   **Reich**   **und**   **Volk**   **regier',**
Smilingly,   *I*   *the*   *kingdom*   *and*   *people*   *rule,*

'kø: ni: gin   pa:r   'ɛk səl⇨ lãs
Königin   **par**   **excellance!**
queen   *„par*   *excellance"!*

ʃpi:⇨   ⇨lɪç   nə   da: mə   fɔn   pa: 'ri: or pa: 'ri:s
Spiel'   **ich**   **'ne**   **Dame**   **von**   **Paris,**
Play   *I*   *a*   *lady*   *from*   *Paris,*

di: 'gat⇨ tin   'ai nəs   hɛrrn   ma:r ɹki: or ma:r 'ki:s
die   **Gattin**   **eines**   **Herrn**   **Marquis,**
the   *wife*   *of a*   *Marquis.*

da: kɔmmt⇨   aɪn   jʊ ŋɚ   gra:f⇨   ɪns   haʊs
da   **kommt**   **ein**   **junger**   **Graf**   **in's**   **Haus,**
there   *comes*   *a*   *young*   *count*   *into the*   *house,*

de:ᵃ   ge:t⇨   aʊf   'mai nə   'tu: gent   aʊs
der   **geht**   **auf**   **meine**   **Tugend**   **aus.**
he   *aims*   *at*   *my*   *virtue.*   [1]

tsvai   akt   hɪn 'dʊrç   ge:p   ɪç   nɪçt   nax
Zwei   **Akt'**   **hindurch**   **geb'**   **ich**   **nicht**   **nach,**
Two   *acts*   *through*   *surrender*   *I*   *not,*   [1]

dɔx   ax   ɪm   drɪt⇨ tən   ve:rt⇨   ɪç   ʃvax
doch   **ach,**   **im**   **dritten**   **werd'**   **ich**   **schwach;**
but   *ah,*   *in the*   *third (act)*   *become*   *I*   *weak;*

da   'œff nət   'plœts lɪç   zɪç   di: ty:ᵃ
da   **öffnet**   **plötzlich**   **sich**   **die**   **Tür.**
then   *opens*   *suddenly*   [2]   *the*   *door.*

o: ve: maɪn   mann   vas   vɪrt⇨   aʊs   mi:ᵃ
O weh,   **mein**   **Mann!**   **Was**   **wird**   **aus**   **mir!**
Oh woe,   *my*   *husband!*   *What*   *will become*   *of*   *me!*

fɛr 'tsai (h)ʊŋ   fløː⇨   ⇨tɪç
Verzeihung   **flöt'**   **ich;**
Pardon (me)   *chirp*   *I;*

e:ᵃ   fɛr 'tsaɪt
er   **verzeiht.**
he   *forgives.*

404

tsʊm	'ʃlʊss taː 'bloː	daː	'vaɪ nən	tlɔyt
Zum	**Schlusstableau,**	**da**	**weinen**	**d'Leut.**
At the	*final tableau,*	*then*	*weeps*	*the audience.*

¹) Separable prefixes to the verbs
      anblinzeln (wink)
      anfangen (start)
      ausgehen auf (aim at)
      nachgeben (surrender)

²) Reflexive pronoun to the verbs which are not reflexive in English:
      sich setzen (sit down)
      sich öffnen (open)

MARTHA

music: Friedrich von Flotow
libretto: W. Friedrich [Friedrich Wilhelm Riese] (after a ballet-pantomime, *Lady Henriette, ou La Servante de Greenwich* by St. Georges)

Den Teuren zu versöhnen

tsʊm	'trɔy ən	'frɔyn də	geː
Zum	**treuen**	**Freunde**	**geh',**
To the	*faithful*	*friend,*	*go*

deːn	plaːn	iːm	tsuː ənt⇨ dɛk⇨kən
den	**Plan**	**ihm**	**zu entdecken,**
the	*intention*	*to him*	*reveal*

deːn	maɪn	bə 'rɔy ənt	hɛrts
den	**mein**	**bereuend**	**Herz**
which	*my*	*repentant*	*heart*

fɔl⇨l	'tsuː fɛr zɪçt	ɛr 'daxt
voll	**Zuversicht**	**erdacht,**
full of	*confidence*	*devised.*

aʊs	'dʊm pfɚ	'ʃveːr muːt	traʊm
aus	**dumpfer**	**Schwermut**	**Traum**
from	*vague*	*melancholy's*	*dream*

deːn	'tɔy rən	tsuː	ɛr 'vɛk⇨ kən
den	**Teuren**	**zu**	**erwecken**
the	*dear man*	*to*	*free*

mɪt	'nɔy əm	'hɔff nʊŋs 'ʃtraːl
mit	**neuem**	**Hoffnungsstrahl**
with	*a new*	*ray of hope*

nax	'tryː bɚ	'kɛr kɚ 'naxt
nach	**trüber**	**Kerkernacht.**
after	*gloomy*	*prison night.*

nɔx	fɛr 'naːm⇨	eːᵃ	nɪçt⇨	diː	'kʊn də
Noch	**vernahm**	**er**	**nicht**	**die**	**Kunde,**
So far	*heard*	*he*	*not*	*the*	*news,*

viː	diː	'tsuː kʊnft	ʃøːn	iːm	taːkt
wie	**die**	**Zukunft**	**schön**	**ihm**	**tagt.**
how	*the*	*future*	*beautifully for*	*him*	*dawns.*

ja   ɪç   ˈhaɪ lə   sɛlpst   diː   ˈvʊn də
Ja,   **ich**   **heile**   **selbst**   **die**   **Wunde,**
Yes,   *I'll*   *heal*   *myself*   *the*   *wound,*

diː   ɪç   ʃluːk   ɛs⇒   zai   gə ˈvaːkt
die   **ich**   **schlug!**   **Es**   **sei**   **gewagt,**
which   *I*   *inflicted!*   *Let it*   *be*   *dared,*

ja   ja   es   zaɪ gə ˈvaːkt
ja,   **ja,**   **es**   **sei gewagt!**
yes,   *yes,*   *Let it*   *be risked!*

deːn   ˈtɔy rən   tsuː   fɛʀ ˈzøː nən
Den   **Teuren**   **zu**   **versöhnen**
The   *dear man*   *to*   *reconcile*

dʊrç   ˈvaː rə   rɔy
durch   **wahre**   **Reu',**
with   *try*   *repentance,*

zaɪn   ˈdaː zaɪn   tsuː   fɛʀ ˈʃøː nən
sein   **Dasein**   **zu**   **verschönen**
his   *existence*   *to*   *brighten*

mɪt   liːp⇒   ʊnt⇒   trɔy
mit   **Lieb'**   **und**   **Treu',**
with   *love*   *and*   *devotion,*

maɪn   loːs   mɪt   iːm   tsuː   ˈtaɪ lən
mein   **Los**   **mit**   **ihm**   **zu**   **teilen,**
my   *fate*   *with*   *him*   *to*   *share,*

dʊrçs   ˈleː bən   hɪn   tsuː   ˈaɪ lən
durch's   **Leben**   **hin**   **zu**   **eilen,**
through   *life*   *further*   *to*   *hurry*

ax   vɛlç   glʏk⇒k
ach,   **welch**   **Glück!**
ah,   *what*   *happiness!*

ja   nuːn   darf⇒   ɪç   fraɪ   iːm   ˈzaː gən
Ja,   **nun**   **darf**   **ich**   **frei**   **ihm**   **sagen,**
Yes,   *now*   *may*   *I*   *freely*   *him*   *tell*

viː   maɪn   hɛrts⇒   zait⇒   ɪç⇒   iːn   zaː
wie   **mein**   **Herz,**   **seit**   **ich**   **ihn**   **sah,**
how   *my*   *heart*   *since*   *I*   *him*   *saw*

nuːᵃ   fyːᵃ   iːn   gə ˈʃlaː gən
nur   **für**   **ihn**   **geschlagen!**
only   *for*   *him*   *beat!*

ja   viː   zaɪn   bɪlt   miːᵃ   ɪm⇒ mɚ   naː
Ja,   **wie**   **sein**   **Bild**   **mir**   **immer**   **nah!**
Yes,   *how*   *his*   *image*   *to me*   *always*   *close!*

aː   oː   ˈzeː liː gɚ   gə ˈdaŋ kə
Ah!   **O**   **seliger**   **Gedanke,**
Ah!   *Oh*   *blessed*   *thought,*

oː   ˈhɔff nʊŋs ˈʃaɪn
o   **Hoffnungsschein!**
oh   *beam of hope!*

ɛs⇨ zaŋk diː 'trɛn⇨nʊŋs 'ʃraŋ kə
Es **sank** **die** **Trennungsschranke.**
Way *gave* *the* *separation barriers.*

maɪn vɪrt eːᵃ ja maɪn
Mein **wird** **er,** **ja,** **mein!**
Mine *will become* *he,* *yes,* *mine!*

aː
Ah!
Ah!

DER SCHAUSPIELDIREKTOR

music: Wolfgang Amadeus Mozart
libretto: Gottlieb Stephanie, the younger

Da schlägt die Abschiedsstunde

da ʃlɛːkt⇨ diː 'ap⇨ 'ʃiːts 'ʃtʊn də
Da **schlägt** **die** **Abschiedsstunde,**
Now *tolls* *the* *parting hour,*

ʊm 'graʊ zam ʊns⇨ tsuː 'trɛn⇨ nən
um **grausam** **uns** **zu** **trennen.**
to *cruelly* *us* *separate*

viː ver⇨ dɪç 'leː bən 'kœn⇨ nən
Wie **werd'** **ich** **leben** **können,**
How *shall* *I* *to live* *be able*

oː 'daː mɔn 'oː nə dɪç
o **Damon,** **ohne** **dich?**
oh *Damon,* *without* *you?*

ɪç vɪl dɪç bə 'glaɪ tən
Ich **will** **dich** **begleiten,**
I *want* *you* *to accompany*

ɪm 'gaɪst diːᵃ tsuːᵃ 'zaɪ tən
im **Geist** **dir** **zur** **Seiten**
in *spirit* *at your* *side*

'ʃveː bən ʊm dɪç
schweben **um** **dich.**
hover *around* *you.*

ʊnt⇨ duː fiː 'laɪçt aʊf 'eː vɪç
Und **du,** **vielleicht** **auf** **ewig**
and *you,* *perhaps* *for* *ever*

fɛʀ 'gɪst da 'fyːᵃ duː mɪç dɔx naɪn
vergisst **dafür** **du** **mich!** **Doch** **nein!**
will forget *instead* *you* *me!* *Yet* *no!*

viː 'fɛlt miːᵃ zoː vas aɪn
Wie **fällt** **mir** **so** **was** **ein?**
How *does occur* *to me* *such* *thought?* [1]

du:	kanst	gə 'vɪs	nɪçt	'trɔy loːs	zaɪn
Du	**kannst**	**gewiß**	**nicht**	**treulos**	**sein,**
you	*know*	*certain*	*not*	*faithless*	*are*

ax	naɪn
ach	**nein.**
ah	*no.*

aɪn	hɛrts⇨	das⇨	zo:	de:ᵃ	'ap⇨ 'ʃiːt	krɛŋ kət
Ein	**Herz,**	**das**	**so**	**der**	**Abschied**	**kränket,**
A	*heart*	*which*	*so*	*a*	*farewell*	*hurts,*

de:m	ɪst	kaɪn	'vaŋ kɛl 'muːt	bə 'kant
dem	**ist**	**kein**	**Wankelmut**	**bekannt!**
to it	*is*	*no*	*hesitation*	*known!*

vo: 'hɪn	ɛs	aʊx	das⇨	'ʃɪk⇨ zal	'lɛŋ kət
Wohin	**es**	**auch**	**das**	**Schicksal**	**lenket,**
Where ever	*it*	*may*	*by its*	*fate*	*be lead*

nɪçts⇨	trɛnt⇨	das	'fɛst gə 'knʏpf tə	bant
nichts	**trennt**	**das**	**festgeknüpfte**	**Band.**
nothing	*separates*	*the*	*firmly united*	*bond.*

DIE ZAUBERFLÖTE

music: Wolfgang Amadeus Mozart
libretto: Emanuel Schikaneder (loosely based on a fairy tale by Wieland)

O zittre nicht, mein lieber Sohn

o:	'tsɪt⇨ trə	nɪçt	maɪn	'li: bə˞	zo:n
O	**zittre**	**nicht,**	**mein**	**lieber**	**Sohn;**
Oh	*don't*	*tremble,*	*my*	*dear*	*son;*

du:	bɪst	'ʊn ʃʊl dɪç	'vaɪ zə	frɔmm
du	**bist**	**unschuldig,**	**weise,**	**fromm.**
you	*are*	*innocent,*	*wise,*	*pious.*

aɪn	'jʏŋ lɪŋ	zo:	vi:	du:	fɛʀ 'mak	am 'bɛs tən
Ein	**Jüngling,**	**so**	**wie**	**du,**	**vermag**	**am besten**
A	*youth*	*such*	*as*	*you*	*can*	*best*

diːs	ti:f	bə 'tryːp tə	mʊt⇨tə˞ hɛrts	tsu:	trøːs tən
dies	**tief**	**betrübte**	**Mutterherz**	**zu**	**trösten.**
this	*deeply*	*saddened*	*mother's heart*		*console.*

tsʊm	'laɪ dən	bɪn⇨	ɪç	'aʊs ɛʀ 'ko: rən
Zum	**Leiden**	**bin**	**ich**	**auserkoren,**
For	*suffering*	*am*	*I*	*destined,*

dɛnn	'maɪ nə	'tɔx tə˞	'fe: lət	mi:ᵃ
denn	**meine**	**Tochter**	**fehlet**	**mir.**
for	*my*	*daughter*	*is missed*	*by me.*

dʊrç	zi:	gɪŋ	all	maɪn	glʏk	fɛʀ 'lo: rən
Durch	**sie**	**ging**	**all**	**mein**	**Glück**	**verloren;**
with	*her*	*went*	*all*	*my*	*happiness*	*away,*

ain   'bø: zə vıçt   ɛnt 'flo: mɪt   i:ᵃ
ein   **Bösewicht**   **entfloh**   **mit**   **ihr.**
a   *villain*   *took off*   *with*   *her.*

nɔx   ze: ıç   i:ᵃ   'tsɪt⇒ təˑn
Noch   **seh'**   **ich**   **ihr**   **Zittern**
Still   *see*   *I*   *her*   *trembling*

mɪt   ba ŋəm   ɛʀ 'ʃʏt⇒təˑn
mit   **bangem**   **Erschüttern,**
with   *anxious*   *emotion,*

i:ᵃ   'ɛŋst lɪ çəs   'be: bən
ihr   **ängstliches**   **Beben,**
her   *fearful*   *shiver,*

i:ᵃ   'ʃʏç təˑ nəs   'ʃtre: bən
ihr   **schüchternes**   **Streben.**
her   *timid*   *struggle.*

ıç   'mʊss tə   zi: mi:ᵃ   'rɑʊ bən   ze: (h)ən
Ich   **musste**   **sie**   **mir**   **rauben**   **sehen.**
I   *had to*   *her*   *from me*   *taken*   *watch.*

ax   hɛlft   va:r   'al⇒ ləs   vas⇒   zi: ʃpra:x
« **Ach**   **helft!** »   **war**   **alles**   **was**   **sie**   **sprach**
„Ah   *help!"*   *was*   *all*   *that*   *she*   *said*

al⇒ 'lain   fɛʀ 'ge: bəns   va:r   i:ᵃ   'fle: (h)ən
allein   **vergebens**   **war**   **ihr**   **Flehen,**
but   *in vain*   *was*   *her*   *begging,*

dɛnn   'mai nə   'hɪl fə   va:r   tsu: ʃvax
denn   **meine**   **Hilfe**   **war**   **zu**   **schwach.**
for   *my*   *help*   *was*   *too*   *weak.*

du: vɪrs⇒   ⇒tsi: tsu: bə 'frai ən   'ge: (h)ən
Du   **wirst**   **sie**   **zu**   **befreien**   **gehen;**
You   *will*   *her*   *to*   *free*   *go;*

du: vɪrst⇒   de:ᵃ   'tɔx təˑ   rɛt⇒ təˑ   zain   ja
du   **wirst**   **der**   **Tochter**   **Retter**   **sein,**   **ja!**
you   *will*   *my*   *daughter's*   *saviour,*   *be*   *yes!*

ʊnt   ve:rt⇒   ıç   dıç   als⇒   'zi: gəˑ   'ze: (h)ən
Und   **werd'**   **ich**   **dich**   **als**   **Sieger**   **sehen,**
And   *shall*   *I*   *you*   *as*   *victor*   *see,*

zo: zai   zi: dann   aʊf   'e: vıç   dain
so   **sei**   **sie**   **dann**   **auf**   **ewig**   **dein!**
so   *may be*   *she*   *then*   *for*   *ever*   *yours!*

Der Hölle Rache

de:ᵃ   'hœl⇒ lə   'ra xə
Der   **Hölle**   **Rache**
(The)   *hell's*   *revenge*

kɔxt⇒   ın   'mai nəm   'hɛr tsən
kocht   **in**   **meinem**   **Herzen,**
is raging   *in*   *my*   *heart,*

to:t⇨ ʊnt fɛʁ 'tsvaɪ⇨ flʊŋ 'flam⇨ mɛt
Tod **und** **Verzweiflung** **flammet**
death *and* *despair* *are flaming*

ʊm⇨ mɪç he:r *or* he:ᵃ
um **mich** **her!**
all around *me!* ⁴)

fy:lt nɪçt⇨ dʊrç dɪç
Fühlt **nicht** **durch** **dich**
Feels *not* *through* *you*

za 'ras tro: 'to: dəs 'ʃmɛr tsən
Sarastro **Todesschmerzen,**
Sarastro *pains of death*

zo: bɪst⇨ du:
so **bist** **du**
then *are* *you*

'maɪ nə 'tɔx tɐ 'nɪm⇨ mɐ 'me:r
meine **Tochter** **nimmermehr,**
my *daughter* *nevermore,*

naɪn 'maɪ nə 'tɔx tɐ 'nɪm⇨ mɐ 'me:r
nein, **meine** **Tochter** **nimmermehr.**
no, *my* *daughter* *nevermore.*

fɛʁ 'ʃto: sən zaɪ aʊf 'e: vɪç
Verstoßen **sei** **auf** **ewig,**
Expelled *be* *for* *ever,*

fɛʁ 'las⇨ sən zaɪ aʊf 'e: vɪç
verlassen **sei** **auf** **ewig,**
abandoned *be* *for* *ever,*

tsɛʁ 'trʏm⇨ mɐt zaɪn aʊf 'e: vɪç
zertrümmert **sei'n** **auf** **ewig**
shattered *be* *for* *ever*

'al⇨ lə 'ban də de:ᵃ na 'tu:r
alle **Bande** **der** **Natur,**
all *bonds* *of* *nature,*

vɛn⇨ nɪçt⇨ dʊrç dɪç
wenn **nicht** **durch** **dich**
if *not* *through* *you*

za 'ras tro: vɪrt ɛʁ 'blas⇨ sən
Sarastro **wird** **erblassen!**
Sarastro *will* *die!*

hø:rt 'ra xə 'gœt⇨ tər
Hört, **Rachegötter!**
Hear, *gods of vengeance!*

hø:rt de:ᵃ mʊt⇨ tər ʃvu:r
Hört **der** **Mutter** **Schwur!**
Hear *the* *mother's* *oath!*

⁴) idiomatic phrase: um ... her = all around

THE INTERNATIONAL PHONETIC ALPHABET FOR ENGLISH

An overview of all the sounds found in American Standard (AS),
British Received (RP), and Mid-Atlantic (MA) Pronunciations.
by Kathryn LaBouff

CONSONANTS:

The following symbols are identical to the letters of our English (Roman) Alphabet:

[b], [d], [f], [g], [h], [k], [l], [m], [n], [p], [s], [t], [v], [w], [z]

The symbols below are NEW symbols added because no corresponding symbols exist in the Roman alphabet:

SYMBOL	KEY WORDS
[ŋ]	sing, think
[θ]	thin, thirst
[ð]	thine, this
[ʍ]	whisper, when
[j]	you, yes
[ʃ]	she, sure
[tʃ]	choose, church
[ʒ]	vision, azure
[dʒ]	George, joy
[ɹ]	red, remember, every (the burred r)
[ʀ]	righteousness, great, realm (rolled r)
[r]	very, far away, forever (flip r used between vowels)

VOWELS:

SYMBOL	KEY WORDS
[ɑ]	father, hot ("o" spellings in AS only)
[ɛ]	wed, many, bury
[ɪ]	hit, been, busy
[i]	me, chief, feat, receive
[ɨ]	pretty, lovely
[æ]	cat, marry, ask**, charity
[u]	too, wound, blue, juice
[ju]	view, beautiful, usual, tune
[ʊ]	book, bosom, cushion, full
[o]	obey, desolate, melody (unstressed syllables only)
[ɒ]	on, not, honest, God (RP & MA only)*
[ɔ]	awful, call, daughter, sought (AS)
[ɔ̹]	awful, call, daughter, sought (RP & MA)
[ɜ˞]	learn, burn, rehearse, journey (AS)
[ɜʳ]	learn, burn, rehearse, journey (RP & MA)
[ɚ]	father, doctor, vulgar, elixir (AS)
[əʳ]	father, doctor, vulgar, elixir (RP & MA)
[ʌ]	hum, blood, trouble, judge (stressed syllables)
[ə]	sofa, heaven, nation, joyous (unstressed syllables)

*The use of rolled and flipped R's and the short open o vowel are used in the British RP British and Mid-Atlantic dialect. They should not be used in American Standard dialect.

**[ɜ˞ and ɚ] are the r colored vowels characteristic of American Standard Pronunciation, AS.

[ɜʳ] and [əʳ] are the REDUCED r colored vowels found in British RP, and Mid-Atlantic, MA Pronunciations.

DIPHTHONGS:

SYMBOL	KEY WORDS
[aɪ]	ni̲g̲h̲t, bu̲y̲, sk̲y̲
[eɪ]	da̲y̲, br̲ea̲k, r̲ei̲gn
[ɔɪ]	bo̲y̲, v̲oi̲ce, t̲oi̲l
[oʊ]	n̲o̲, sl̲ow̲, repr̲oa̲ch
[aʊ]	n̲ow̲, ab̲ou̲t, d̲ou̲bt
[ɛɚ]	a̲i̲r, c̲a̲re, th̲e̲re (AS)
[ɛəʳ]	a̲i̲r, c̲a̲re, th̲e̲re (RP & MA)
[ɪɚ]	e̲a̲r, d̲e̲ar, h̲e̲re, t̲i̲er (AS)
[ɪəʳ]	e̲a̲r, d̲e̲ar, h̲e̲re, t̲i̲er (RP & MA)
[ɔɚ]	p̲ou̲r, f̲ou̲r, s̲oa̲r, o`er (AS)
[ɔəʳ]	p̲ou̲r, f̲ou̲r, s̲oa̲r, o`er (RP & MA)
[ʊɚ]	s̲u̲re, t̲ou̲r, p̲oo̲r (AS)
[ʊəʳ]	s̲u̲re, t̲ou̲r, p̲oo̲r (RP & MA)
[ɑɚ]	a̲re, he̲a̲rt, ga̲r̲den (AS)
[ɑəʳ]	a̲re, he̲a̲rt, ga̲r̲den (RP & MA)

TRIPHTHONGS:

SYMBOL	KEY WORDS
[aɪɚ]	f̲i̲re, ch̲oi̲r, adm̲i̲re (AS)
[aɪəʳ]	f̲i̲re, ch̲oi̲r, adm̲i̲re (RP & MA)
[aʊɚ]	ou̲r, fl̲ow̲er, t̲ow̲er (AS)
[aʊəʳ]	ou̲r, fl̲ow̲er, t̲ow̲er (RP & MA)

ADDITIONAL SYMBOLS:

[']   A diacritical mark placed before a syllable that has primary stress.

[ˌ]   A diacritical mark placed before a syllable that has secondary stress.

[ɾ]   A flapped t or d. It is produced by flapping the tongue against the gum ridge. It is very characteristic of medial t's and d's in coloquial and southern American accents.

[ʔ]   A glottalized consonant, usually final or medial t's and d's. It is characteristic of conversational speech patterns in English. Ex: that day- thaʔ day   had done- haʔ done

[(ʊ)]   An off glide symbol. A weak extra vowel sounded after a primary vowel that is characteristic of certain Southern American accents.

GENERAL NOTES:

The texts in this guide have been transcribed into three primary pronunciations: American Standard, British Received and Mid-Atlantic Pronunciations. American Standard is a neutralized pronunciation of American English that is used for the American stage. British Received Pronunciation is an upper class pronunciation that is the performance standard for British works in the United Kingdom. Mid-Atlantic is a hybrid pronunciation that combines elements of both British and North American pronunciation. Some other variants found in this guide are for colloquial American or American Southern accents.

The standard performance practice for these arias was taken into consideration. The transcriptions were based on the character who sings them, the setting of the opera, and the geographic origin of the works. In general, if the composer and/or the text are North American, then the text is transcribed into American Standard pronunciation or one of the American variants. If the composer and or the text are British, then the text is transcribed into British Received Pronunciation. If the composer is North American but the text is British, then the text is transcribed into Mid-Atlantic. These are guidelines. The pronunciations can be modified to accommodate the production values of a specific operatic production or individual artistic taste.

THE PIRATES OF PENZANCE
or The Slave of Duty
music: Arthur Sullivan
libretto: W.S. Gilbert

Poor wand'ring one
In Historic British Received Pronunciation:

puəʳ ˈwɒndɹɪŋ wʌn
Poor wand'ring one,

ðoʊ ðaʊ hæst ˈʃuəʳli stʁɹeɪd
Though thou hast surely strayed,

teɪk haəʳt ɒv gʁɹeɪs
Take heart of grace,

ðaɪ stɛps ɹɪˈtʁɹeɪs
Thy steps retrace,

puəʳ ˈwɒndɹɪŋ wʌn
Poor wand'ring one.

ɪf sʌtʃ puəʳ lʌv æz maɪn
If such poor love as mine

kæn hɛlp ði faɪnd
Can help thee find

tʁɹu pis ɒv maɪnd
True peace of mind,

ʍaɪ teɪk ɪt ɪt ɪz ðaɪn
Why take it, it is thine!

teɪk haəʳt fɛəʳ deɪz wɪl ʃaɪn
Take heart, fair days will shine;

teɪk ˈɛnɨ haəʳt teɪk maɪn
Take any heart, take mine!

THE TELEPHONE
music and libretto: Gian Carlo Menotti

Hello! Oh, Margaret, it's you
In American Standard Pronunciation:

hɛˈloʊ hɛˈloʊ
Hello! Hello?

oʊ ˈmɑɚˈgɚˌɹət ɪts ju
Oh, Margaret, it's you.

aɪ æm soʊ glæd ju kɔld
I am so glad you called,

aɪ wɑz dʒʌst ˈθɪŋkɪŋ əv ju
I was just thinking of you.

ɪts bɪn ə lɔŋ taɪm sɪns ju kɔld mi
It's been a long time since you called me.

hu aɪ
Who? I?

aɪ ˈkænnɑʔ kʌm tʊˈnaɪt
I cannot come tonight.

noʊ maɪ dɪɚ aɪm nɑʔ ˈfilɪŋ vɛɹi wɛl
No, my dear, I'm not feeling very well.

ʍɛn ʍɛɚ
When? Where?

aɪ wɪʃ aɪ kʊd bi ðɛɚ
I wish I could be there!

aɪm əˈfɹeɪd aɪ mʌst nɑt
I'm afraid I must not.

hɛˈloʊ hɛˈloʊ
Hello? Hello?

ʍɑʔ dɪd ju seɪ maɪ ˈdɑɚlɪŋ
What did you say, my darling?

ʍɑʔ dɪd ju seɪ
What did you say?

hɛˈloʊ hɛˈloʊ
Hello? Hello?

pliz spik ˈlaʊdɚ
Please speak louder!

aɪ hɝd ðə ˈfʌnɪɛst θɪŋ
I heard the funniest thing!

dʒeɪn ænd pɔl aɚ ˈgoʊɪŋ tʊ get ˈmæɹɪd nɛkst jʊˈlaɪ
Jane and Paul are going to get married next July.

doʊnʔ ju θɪŋk ɪʔ ɪz ðə ˈfʌnɪɛst θɪŋ ju ɛvɚ hɝd
Don't you think it is the funniest thing you ever heard?

aɪ nou əv kɔɚ·s
I know… of course…

ænd hɑu ɑɚ ju
And how are you?

ænd hɑu ɪz dʒɑn
And how is John?

ænd hɑu ɪz dʒin
And how is Jean?

ju mʌst tɛl ðɛm ðæt aɪ sɛnd ðɛm maɪ lʌv
You must tell them that I send them my love.

ænd hɑu ɪz ˈɝ·sələ ænd hɑu ɪz nætəli̇
And how is Ursula, and how is Natalie,

ænd hɑu ɪz ˈɹouzəli̇
and how is Rosalie?

aɪ houp ʃiz ˈgɑtən ˈouvɚ hɝ kould
I hope she's gotten over her cold.

ænd hɑu ɪz jɔɚ ˈmʌðɚ ænd hɑu ɪz jɔɚ ˈfɑðɚ
And how is your mother, and how is your father,

ænd hɑu ɪz dɪɚ ˈlɪɾəl ˈgɹæni̇
And how is dear little granny?

ou dɪɚ
Oh, dear!

wɛl ðɛn ˌgʊdˈbaɪ
Well then, goodbye.

ˌgʊdˈbaɪ maɪ dɪɚ ˌgʊdˈbaɪ
Goodbye, my dear, goodbye.

aɪ æm sou glæd ju kɔld
I am so glad you called,

aɪ wɑz dʒʌst ˈθɪŋkɪŋ əv ju
I was just thinking of you:

ɪts bɪn ə lɔŋ taɪm sɪns ju kɔld mi
It's been a long time since you called me.

jɛs ju ɔlˈɹɛdi̇ tould mi ðæt
Yes, you already told me that.

nou maɪ ˈdɑɚ·lɪŋ əv kɔɚ·s aɪ woun? fɚˈget
No my darling, of course I won't forget!

jɛs gʊdˈbaɪ maɪ ˈdɑɚ·lɪŋ gʊdˈbaɪ
Yes, goodbye, my dear, goodbye…

jɛs maɪ ˈdɑɚ·lɪŋ gʊdˈbaɪ
Yes, my darling, goodbye…

416

ðæts	ðə	ˈfʌniəst	θɪŋ	aɪ	ɛvɚ	hɝd
That's	**the**	**funniest**	**thing**	**I**	**ever**	**heard!**

ænd	haʊ	aɚ	ju	ænd	bɛts	ænd	bɑb
And	**how**	**are**	**you,**	**and**	**Bets,**	**and**	**Bob,**

ænd	sæɹə	ænd	sæm
and	**Sara,**	**and**	**Sam?**

ju	mʌst	tɛl	ðɛm	ðæt	aɪ	sɛnd	ðɛm	maɪ	lʌv
You	**must**	**tell**	**them**	**that**	**I**	**send**	**them**	**my**	**love.**

ænd	haʊ	ɪz	ðə	ˈpʊsiˈkæt	haʊ	ɪz	ðə	dɔg
And	**how**	**is**	**the**	**pussycat,**	**how**	**is**	**the**	**dog?**

oʊ	aɪm	soʊ	glæd
Oh,	**I'm**	**so**	**glad!**

ˌgʊdˈbaɪ
Goodbye!

jɛs	ˈmaɚgəɹət
Yes,	**Margaret!**

ɔl	ɹaɪt	ˌgʊdˈbaɪ
All	**right,**	**goodbye!**

naʊ	maɚgəɹət	ˌgʊdˈbaɪ
Now,	**Margaret,**	**goodbye!**

soʊ	lɔŋ
So	**long.**

ABOUT THE RUSSIAN IPA TRANSLITERATIONS
by David Ivanov

Following is a table of pronunciation for Russian diction in singing as transliterated in this volume. While the IPA is currently the diction learning tool of choice for singers not familiar with the foreign languages in which they sing, differences exist in transliterations, just as differences of pronunciation exist in the Russian language itself. Research from authoritative published sources as well as sensitivity to how the words interact with the music should guide the singer to the final result.

THE VOWELS

symbol	nearest equivalent in English	descriptive notes
[ɑ]	<u>a</u>rm	
[ɛ]	m<u>e</u>t	
[i]	h<u>ea</u>t	
[o]	g<u>o</u>	pure [o], not [oʊ]
[u]	p<u>u</u>t	
[ə]	<u>a</u>bout	
[ɨ]	not an English sound	pronounce as a throaty form of [i]

THE CONSONANTS

symbol	nearest equivalent in English
[b]	<u>b</u>ank
[bʲ]	<u>b</u>eautiful
[d]	<u>d</u>og
[dʲ]	a<u>d</u>ieu (French)
[f]	<u>f</u>at
[fʲ]	<u>f</u>ume
[g]	<u>g</u>ate
[gʲ]	le<u>g</u>ume
[k]	<u>c</u>an
[kʲ]	<u>c</u>ue
[l]	<u>l</u>ot
[lʲ]	<u>l</u>augh
[m]	<u>m</u>at
[mʲ]	<u>m</u>ule
[n]	<u>n</u>ot
[nʲ]	<u>n</u>ews
[p]	<u>p</u>in
[pʲ]	<u>p</u>ure
[r]	flipped [r]
[rʲ]	flipped [r] in palatalized position
[s]	<u>s</u>at
[sʲ]	<u>s</u>ee
[t]	<u>t</u>op
[tʲ]	cos<u>t</u>ume
[v]	<u>v</u>at
[vʲ]	re<u>v</u>iew
[x]	a<u>ch</u> (German)
[xʲ]	not an English sound
[tʃ]	<u>ch</u>air
[ʃtʃ]	me<u>sh</u> <u>ch</u>air
[ʃ]	me<u>sh</u>
[ʒ]	mea<u>s</u>ure

418

ZOLOTOJ PETUSHOK
(Le Coq d'Or)
music: Nikolai Rimsky-Korsakov
libretto: Vladimir Bel'skii (after a fairy tale by Pushkin)

Otvet' mne, zorkoe svetilo (Hymn to the Sun)

at ˈvʲetʲ   mnʲɛ,   ˈzor kə jə   svʲi ˈtʲi lə
Ответь   **мне,**   **зоркое**   **светило,**
Answer   *me,*   *vigilant*   *dawn,*

s   vas ˈto kə   k   nam   prʲi ˈxo dʲiʃ   tɨ
С   **востока**   **к**   **нам**   **приходишь**   **ты:**
From   *east*   *to*   *us*   *come*   *you:*

moi   krai   rad ˈnoi   tɨ   pə sʲi ˈtʲi lə
Мой   **край**   **родной**   **ты**   **посетило,**
My   *land*   *native*   *you*   *visited,*

at ˈtʃiz nu   ˈska zətʃ nəi   mʲitʃ ˈtɨ
Отчизну   **сказочной**   **мечты?**
motherland   *of fairytale*   *dream?*

fsʲo   tak   ʒɨ   lʲ   tam   sʲi ˈja jut   ˈro zɨ
Всё   **так**   **же**   **ль**   **там**   **сияют**   **розы**
Are still   *in the*   *same*   *way*   *there*   *beaming*   *roses*

i   ˈlʲi lʲi   ˈog nʲi nːɨx   ˈkus tɨ
И   **лилий**   **огненных**   **кусты?**
And   *lilies*   *of fiery*   *bushes?*

i   bʲi rʲu ˈzo vɨ jə   strʲi ˈko zɨ
И   **бирюзовые**   **стрекозы**
And   *turqoise*   *dragonflies*

lab ˈza jut   ˈpɨʃ nɨ jə   lʲis ˈtɨ
Лобзают   **пышные**   **листы?**
Are kissing   *luxurious*   *leaves.*

i   vˈvʲɛ tʃ i ru   u   və da ˈjo mə
И   **в вечеру**   **у**   **водоёма**
And   *in evening*   *near*   *pond*

v   nʲis ˈmʲɛ lɨx   ˈpʲɛs nʲəx   dʲɛf   i   ʒon
В   **несмелых**   **песнях**   **дев**   **и**   **жён,**
In   *timid*   *songs of*   *maidens*   *and*   *women,*

fsʲo   ta   ʒɨ   lʲ   ˈdʲiv nə jə   is ˈto mə
Всё   **та**   **же**   **ль**   **дивная**   **истома,**
Is   *still*   *the*   *same*   *divine*   *languor,*

lʲub ˈvi   zap ˈrʲɛt nəi   ˈstras nɨ   son
Любви   **запретной**   **страстный**   **сон?**
Of love   *forbidden*   *passionate*   *dream?*

fsʲo   tak   ʒɨ   lʲ   ˈdo rəg   gostʲ   slu ˈtʃai nɨ
Всё   **так**   **же**   **ль**   **дорог**   **гость**   **случайный?**
Is still   *in the*   *same*   *way*   *dear*   *guest*   *unexpected?*

jiˈmu   ga ˈto vɨ   i   da ˈrɨ
Ему   **готовы**   **и**   **дары,**
For him   *are ready*   *both*   *gifts,*

i ˈskrom nɨ pʲir i vzglʲat pa ˈtai nɨ
И скромный пир, и взгляд потайный,
And modest feast and glance secret,

skvosʲ tkanʲ rʲiv ˈni vu ju tʃid ˈrɨ
Сквозь ткань ревнивую чадры?
Through fabric jealous of chadra?

ɑ notʃ zgus ˈtʲit sʲə gə lu ˈbɑ jə
А ночь сгустится голубая,
And night deepens blue,

k nʲi ˈmu zɑ ˈbif i stɨt i strɑx
К нему, забыв и стыд, и страх,
To him, forgotten both shame, and fear,

spʲi ˈʃit xɑ ˈzʲɑi kə mə lɑ ˈdɑ jə
Спешит хозяйка молодая
Is hurrying mistress young

s prʲiz ˈnanʲ jim ˈslɑ dəs nɨm v us ˈtɑx
С признаньем сладостным в устах?
With confession sweet on lips?

G. SCHIRMER OPERA ANTHOLOGY

COLORATURA ARIAS FOR
SOPRANO

Accompaniment CDs

On the recording:
Matthew Piatt, piano

ACCOMPANIMENT CDS
CD TRACK LIST

CD ONE

ALCINA
| 1 | Tornami a vagheggiar

ARIADNE AUF NAXOS
| 2 | Großmächtige Prinzessin…Noch glaub' ich dem einen ganz mich gehörend

UN BALLO IN MASCHERA
| 3 | Volta la terrea

IL BARBIERE DI SIVIGLIA
| 4 | Una voce poco fa

LES CONTES D'HOFFMANN
| 5 | Les oiseaux dans la charmille (Doll Song)

LES DEUX AVARES
| 6 | Plus de dépit, plus de tristesse

DINORAH
| 7 | Ombre légère (Shadow Song)

DON PASQUALE
| 8 | Quel guardo il cavaliere…So anch'io la virtù magica

DIE ENTFÜHRUNG AUS DEM SERAIL
| 9 | Durch Zärtlichkeit und Schmeicheln

LA FILLE DU RÉGIMENT
| 10 | Chacun le sait

ACCOMPANIMENT CDS
CD TRACK LIST

CD TWO

DIE FLEDERMAUS
1. Mein Herr Marquis
2. Spiel' ich die Unschuld vom Lande

HAMLET
3. À vos jeux, mes amis… Partagez-vous mes fleurs!
(Ophelia's Mad Scene)

LAKMÉ
4. Ah! Où va la jeune indoue (Bell Song)

LINDA DI CHAMOUNIX
5. Ah, tardai troppo… O luce di quest'anima

LUCIA DI LAMMERMOOR
6. Regnava nel silenzio

Il dolce suono…Spargi d'amaro pianto (Mad Scene)
7.   Complete aria with Cadenza I*
8.   Cadenza II only*

MANON LESCAUT
9. C'est l'histoire amoureuse (Laughing Song)

MARTHA
10. Den Teuren zu versöhnen

*Caen Thomason-Redus, flute

ACCOMPANIMENT CDS
CD TRACK LIST

CD THREE

MIGNON

| 1 | Je suis Titania |

THE PIRATES OF PENZANCE

| 2 | Poor wand'ring one |

I PURITANI

| 3 | O rendetemi la speme… Qui la voce |

DER SCHAUSPIELDIREKTOR

| 4 | Da schlägt die Abschiedsstunde |

LA SONNAMBULA

| 5 | Care compagne… Come per me sereno |
| 6 | Ah! non credea… Ah! non giunge |

THE TELEPHONE

| 7 | Hello! Oh, Margaret, it's you |

THE TEMPEST

| 8 | Vocalise |

DIE ZAUBERFLÖTE

| 9 | O zittre nicht, mein lieber Sohn |
| 10 | Der Hölle Rache |

ZOLOTOJ PETUSHOK (THE GOLDEN COCKEREL)

| 11 | Otvet' mne, zorkoe svetilo (Hymn to the Sun) |

ABOUT THE PIANIST

MATTHEW PIATT

A Kansas native, Matthew Piatt was the first coach/accompanist chosen to complete an Adler Fellowship with the San Francisco Opera. Shortly after finishing the program, he joined the music staff of the Lyric Opera of Chicago as an assistant conductor and assistant chorus master. In the spring of 2009, Mr. Piatt played rehearsals and harpsichord continuo for Opera Colorado's production of *Cosí fan tutte.*

During his two and a half years as an Adler Fellow, Piatt assisted on fourteen mainstage productions and played keyboards in the world premiere of *Appomattox* by Philip Glass. As an apprentice coach, he has participated in the Merola Opera Program, Aspen Opera Theatre Center, and the Seagle Music Colony.

Piatt earned his bachelor's degree in piano from the University of Houston, graduating summa cum laude. While pursuing his degree there, he served as a coach/accompanist for twelve productions at the Moores Opera Center, including the world premiere of *The Thirteen Clocks* by Christopher Theofanidis and a production of Dominick Argento's *Casanova's Homecoming*, which was recorded for Newport Classics. Piatt received his master's in collaborative piano at the University of Michigan, where he studied with Martin Katz.

ABOUT THE ENHANCED CDs

In addition to piano accompaniments playable on both your CD player and computer, these enhanced CDs also include tempo adjustment software for computer use only. This software, known as Amazing Slow Downer, was originally created for use in pop music to allow singers and players the freedom to independently adjust both tempo and pitch elements. Because we believe there may be valuable uses for these features in other musical genres, we have included this software as a tool for both the teacher and student. For quick and easy installation instructions of this software, please see below.

In recording a piano accompaniment we necessarily must choose one tempo. Our choice of tempo, phrasing, and dynamics is carefully considered. But by the nature of recording, it is only one option.

However, we encourage you to explore your own interpretive ideas, which may differ from our recordings. This software feature allows you to adjust the tempo up and down without affecting the pitch. We recommend that this tempo adjustment feature be used with care and insight.

The audio quality may be somewhat compromised when played through the Amazing Slow Downer. This compromise in quality will not be a factor in playing the CD audio track on a normal CD player or through another audio computer program.

INSTALLATION FROM DOWNLOAD:

For Windows (XP, Vista or 7):
1. Download and save the .zip file to your hard drive.
2. Extract the .zip file.
3. Open the "ASD Lite" folder.
4. Double-click "setup.exe" to run the installer and follow the on-screen instructions.

For Macintosh (OSX 10.4 and up):
1. Download and save the .dmg file to your hard drive.
2. Double-click the .dmg file to mount the "ASD Lite" volume.
3. Double-click the "ASD Lite" volume to see its contents.
4. Drag the "ASD Lite" application into the Application folder.

INSTALLATION FROM CD:

For Windows (XP, Vista or 7):
1. Load the CD-ROM into your CD-ROM drive.
2. Open your CD-ROM drive. You should see a folder named "Amazing Slow Downer." If you only see a list of tracks, you are looking at the audio portion of the disk and most likely do not have a multi-session capable CD-ROM.
3. Open the "Amazing Slow Downer" folder.
4. Double-click "setup.exe" to install the software from the CD-ROM to your hard disk. Follow the on-screen instructions to complete installation.
5. Go to "Start," "Programs" and find the "Amazing Slow Downer Lite" application. Note: To guarantee access to the CD-ROM drive, the user should be logged in as the "Administrator."

For Macintosh (OSX 10.4 or higher):
1. Load the CD-ROM into your CD-ROM drive.
2. Double-click on the data portion of the CD-ROM (which will have the Hal Leonard icon in red and be named as the book).
3. Open the "Amazing OS X" folder.
4. Double-click the "ASD Lite" application icon to run the software from the CD-ROM, or copy this file to your hard drive and run it from there.

MINIMUM SOFTWARE REQUIREMENTS:

For Windows (XP, Vista or 7):
Pentium Processor; Windows XP, Vista, or 7; 8 MB Application RAM; 8x Multi-Session CD-ROM drive

For Macintosh (OS X 10.4 or higher):
Power Macintosh or Intel Processor; Mac OS X 10.4 or higher; MB Application RAM; 8x Multi-Session CD-ROM drive